投资客养成教育
——行为金融与投资心理学

薛冰岩 芝均 __ 著

中国华侨出版社
·北京·

图书在版编目 (CIP) 数据

投资客养成教育：行为金融与投资心理学 / 薛冰岩，
芝均著 . -- 北京：中国华侨出版社, 2021.3

ISBN 978-7-5113-8114-9

Ⅰ.①投… Ⅱ.①薛… ②芝… Ⅲ.①金融行为—通
俗读物②投资—经济心理学—通俗读物 Ⅳ.
① F830.2-49 ② F830.59-49

中国版本图书馆 CIP 数据核字 (2020) 第 168863 号

投资客养成教育：行为金融与投资心理学

著　　者：薛冰岩　芝　均
责任编辑：姜薇薇　桑梦娟
封面设计：冬　凡
文字编辑：张玮琦
美术编辑：李丝雨
经　　销：新华书店
开　　本：880mm×1230mm　1/32　印张：7　字数：180 千字
印　　刷：三河市华成印务有限公司
版　　次：2021 年 3 月第 1 版　　2021 年 3 月第 1 次印刷
书　　号：ISBN 978-7-5113-8114-9
定　　价：36.00 元

中国华侨出版社　北京市朝阳区西坝河东里 77 号楼底商 5 号　邮编：100028
法律顾问：陈鹰律师事务所
发 行 部：（010）64443051　　　传　　真：（010）64439708
网　　址：www.oveaschin.com　　E－m a i l：oveaschin@sina.com

如果发现印装质量问题，影响阅读，请与印刷厂联系调换。

序：从"投机理论"到行为金融学

真理最大的敌人往往并不是故意编造的谎言，而是长期流传的似是而非的神话。

——约翰·肯尼迪

标准金融理论（Standard Financial Theory）滥觞于 1900 年。这一年，一位名叫路易斯·巴切利耶（Louis Bachelier）的法国数学家，在其名为《投机理论》的博士论文中，首先将概率统计的方法应用于股票市场投机行为的分析。

金融学的兴起，起源于人们对投机交易的关注。金融学最初的大部分研究工作，都集中在投机活动这个话题上了。其至可以说，没有投机现象，就没有金融学的创立。

金融学是从经济学中分化出来的一种应用经济学科，是一门既年轻又古老的学科。

说它年轻，是因为标准金融理论的出现还是 20 世纪初的事。在经济学经历的漫长历史中，它堪称新生事物。说它古老，是因为在几千年前，人类社会已经出现了金融现象，甚至出现了一些朴素的金融思想，所以，相对于新兴的"行为金融学"，它又是传统的。

所以，我们谈及标准金融理论时会出现一个奇怪的现象，有时会说它是现代金融学，有时又会说它是传统金融学。

金融市场一直不缺投机者。

当人们做着"财务自由"的美梦，投资的金钱像水蒸气一样蒸发时，金融就如同魔鬼的诱惑。

直到今天，人们还在议论着密西西比事件、郁金香事件、南海泡沫等投机狂潮。然而，历史总是有着相似的韵脚。旧日金融泡沫的阴影还未散去，新的金融危机风险已在酝酿。

行为金融学是研究金融市场的一种崭新方法，是关于心理因素如何影响金融行为的研究。它的出现是对传统金融学范式遇到的难题的回应。行为金融学的大量研究揭示，人类的思维过程存在系统的局限性。人们往往无法做到完全意义上的理性，相反，各种认知缺陷、启发式以及惯性思维决定了我们的大多数判断和决策。

行为金融学认为，用非完全理性的行为人假设模型能更好地理解一些金融现象。

需要指出的是，行为金融学并不是要推翻传统金融学。

行为金融学是行为经济学的一个分支。行为经济学是建立在（而非取代）传统经济分析的基础之上的。同样，如果没有传统金融理论的构建基石，包括有效市场假说、资本资产定价模型等理论，行为金融这一领域就不会存在。

查理·芒格有句名言："如果知道我会死在哪里，那我将永远不去那个地方。"同样，如果我们能知道传统金融学模型的缺陷和局限，认识到它们失效的边界，那我们就能勘破金融市场的危险地方，从而避免失败。而这，正是行为金融学最现实的意义所在。

目 录

第五章
投资中的心理迷障

4

第十章
超越贪婪和恐惧

第十一章
投资者的自省与自律

第一章
行为金融学的横空出世

相信有效市场投资就好比在打桥牌时认为不需看牌一样……如果市场总是有效率的，我将会流落街头，沿街乞讨。

——沃伦·巴菲特

金融市场具有高度的不确定性和投机性，这诱惑着世界上最聪明的头脑去探寻一条稳健的炼金之路。

不妨大胆假设，存在这样一个金融市场：各种金融产品的收益可以通过概率估计出来。同时，通过对历史数据的分析，推断出一种金融产品的收益方差和标准差。那么，投资者就可以通过精确的数学工具来计算满足自己要求的投资组合，实现同等风险下的收益最大化或同等收益下的风险最小化。

如此一来，投资者就可以在不确定的世界里进行类似确定条件下的决策。这样，就可以避免金融市场上的投机泡沫和金融系统的危机。

剩下的工作，就是理论上的小心求证了。

有效市场假说

1900 年，法国数学家路易斯·巴切利耶在研究人们投机行为时发现，股票收益率波动的数学期望值总是为零。于是，巴切利耶首次提出用随机游走思想给出股票价格运行的随机模型。

这篇论文被公认为是最早的金融市场的理论框架，是现代金融学的里程碑，同时也是有效市场假说（Efficient Markets Hypothesis，EMH）的雏形。

又过了 60 多年，美国芝加哥大学财务学教授尤金·法玛（Eugene Fama）正式以学术论文的形式提出了这个假说。

尤金·法玛，1939 年出生于美国波士顿，1960 年毕业于塔夫茨大学，主修法文，获得学士学位。

据说是受不了伏尔泰的陈词滥调，他在第三年转修经济学课程。1963 年，尤金·法玛在芝加哥大学商学院研究生院获得 MBA 学位，1964 年获得博士学位。

法玛教授是有效市场理论的集大成者，他为该理论的最终形成与完善做出了卓越的贡献。

假如市场是有效的

所谓有效市场，是指这样一种市场，在这个市场上，所有信息都会很快被市场参与者领悟并立刻反映到市场价格之中。

例如，A 公司刚刚在非洲发现稀土，并在本周二上午 10 点对外公布。A 公司股票的价格将会在什么时间上涨呢？

有效市场理论认为，这个消息会立刻反映到价格上去。市场参与者会立即做出反应，并将 A 公司股票的价格抬高到应有的高度。

简而言之，在每一个时点上，市场都已经消化了可以得到的全部最新消息，并且将它包含在股票价格或谷物价格，抑或其他投机价格之中。

法玛教授的这个假说认为，相关的信息如果不受扭曲且在证券价格中得到充分反映，市场就是有效的。追求自身利益最大化的理性投资者相互竞争，都试图预测单只股票未来的市场价格，所以竞争导致单只股票的市场价格反映了已经发生和尚未发生，但市场预期会发生的事情。在一个有效的证券市场，由于信息对每个投资者都是均等的，因此任何投资者都不可能通过信息处理获取利润，这就是著名的有效市场假说。

半个世纪以来，有效市场理论都是居于主导地位的金融理论。

主流金融学认为，市场是有效的，有关股票的信息都会反映到股票价格上，因此，其价格与其基本价值相符，投资者都不可能在市场上获得超额利润。

当然，对这种理论一直存在着不少质疑的声音。沃伦·巴菲特有句名言："相信有效市场投资就好比在打桥牌时认为不需看牌一样……如果市场总是有效率的，我将会流落街头，沿街乞讨。"金融界有一则段子，就是讽刺这种理论的：

一位信奉有效市场的金融教授和学生一起散步。

"地上是10美元钞票吗？"学生问。

"不，那不可能是10美元钞票，"教授回答道，"即使有，之前肯定早已经被人捡起来了。"教授走了。学生捡起了钞票，去喝了杯啤酒。

然而，相信市场有效的人一定就傻吗？才不，有人还因此获得了诺贝尔经济学奖呢。

■尤金·法玛（Eugene Fama），美国芝加哥大学财务学教授，有效市场理论的集大成者。

2013 年，芝加哥大学的法玛教授和耶鲁大学的希勒教授，两个人分享了这一年的诺贝尔经济学奖。

让公众不解的是，这两个人在市场是否有效方面持针锋相对的观点。

法玛教授是有效市场理论的坚决捍卫者，而希勒教授的观点恰与法玛相反，他坚信市场存在缺陷，认为人们过度反应就会产生泡沫。希勒教授还准确预言了世纪之交美国股市的暴跌，2008 年美国次贷危机的爆发。这两次预测使他名声大噪，也为他赢得了"泡沫先生"的声誉。

传统金融学的四大模块

将近半个世纪，有效市场假说成了主导金融理论的核心命题。在有效市场假设之上，传统金融理论的大厦主要由如下模块构成：

马柯维茨的现代投资组合理论（MPT）

夏普、林特纳、莫辛的资本资产定价理论（CAPM）

斯蒂芬·罗斯的套利定价理论（APT）

布莱克、斯科尔斯、默顿的期权定价理论（opt）

传统金融理论只是研究理性投资者在同一风险下期望收益最高或同一收益水平上期望风险水平最低的投资组合。

现代投资组合理论（MPT）

传统金融学理论勃兴于 1952 年。

那一年，有位名叫哈里·马柯维茨的天才少年，在《金融》杂志上发表了一篇题为《投资组合的选择》的文章。

这一年，马柯维茨年仅 25 岁，即将从芝加哥大学毕业，在著名的智库兰德公司做了一名实习研究员。

外行指导内行

马柯维茨最初研究"证券组合的选择"的时候，对股票市场还一无所知。作为一个 25 岁的大学生，他那时正在线性规划这个新兴的领域中做研究。

某天，当马柯维茨正准备向他的导师请教其博士论文时，来了一位客人拜访他的导师。

这位客人是一位股票经纪人，三人相谈甚欢。正所谓干啥吆喝啥，这位股票经纪人心血来潮，建议马柯维茨不妨把他正在研究的线性规划理论应用到投资领域。

马柯维茨的博导也很赞成股票经纪人的创意，尽管这位导师对股票市场同样是个门外汉，但他将马柯维茨引荐给了一位懂股票的教授。

这位内行教授建议马柯维茨阅读约翰·伯尔·威廉姆斯的《投资价值理论》一书，这本书其实是威廉姆斯的博士论文，在金融和工商管理方面比较有影响。

20世纪20年代，威廉姆斯是一位事业十分成功的股票经纪人。但1932年，在他30岁时，回到了哈佛大学成为一名研究生。之所以"百战归来再读书"，是希望能够找出产生大萧条的原因。现在，从他的研究成果来看，他并没能做到这一点。

马柯维茨认真阅读了《投资价值理论》一书。这本书的开篇就震住了他："在当前的市场价格下，不同股票对于投资者的吸引力是不同的……相反，投资者会寻找'价格最优'的股票。"

投机客们常说：在别人贪婪时恐惧，在别人恐惧时贪婪。然而，如何既贪婪又恐惧。如何理性地量化、组合贪婪（收益）和恐惧（风险）。这是没有几个人能说清楚的。投机客最关注的核心问题有两个：预期收益与风险。那么如何测定组合投资的风险与收益和如何平衡这两项指标进行资产分配是市场投资者迫切需要解决的问题。

许多年后，马柯维茨回忆说："我被同时注意风险和收益的理论惊呆了。"

这种"理论"在今天来看可谓比比皆是，但是，在那个时代没有几个人重视。

威廉姆斯假设，投资者在投资过程中只专注于一个目标，在这个过程中投资者只能将赌注压在看上去"价格最优"的投资产品上。对此，马柯维茨有不同意见，他认为，投资者的投资是多样化的，因为投资的多样化是对付投资方差（化解风险）的最佳策略。

马柯维茨认为，多元化投资组合的主要好处在于降低个股的价格波动。可以说，多元化的战略性作用是马柯维茨理论的核心思想。

马柯维茨在《投资组合的选择》中确定了最小方差资产组合集合的思想和方法，开创了对投资进行整体管理的先河，奠定了投资理论发展的基石。

崇尚理性的思潮

外行指导内行，往往能提供一种全新的视角。

马柯维茨基本上是一名股市门外汉。然而，名校与名企的加持，使得这位少年金光附体，华尔街的投机客们很吃这一套。尽管《投资组合的选择》并没有成为金融学的模型基础，但在华尔街广为流行。

这种潮流与信念，反映了"二战"后早期的时代精神，那时，许多社会学家开始着手复兴工业革命，人们对于度量的信仰，以及那个时代的人们有关世界上的问题一定能够被解决的信心。

正如今天很多赶"风口"的创业者一样，《投资组合的选择》的一纸风行，也一度成为华尔街投机商们奉为圭臬的理论武器。马柯维茨的理论被誉为"华尔街的第一次革命"。

马柯维茨的研究奠定了现代金融学的基础。从此，精巧的金融理论大厦被建立起来，而马柯维茨也被推上神坛，被誉为"现代投资学之父"。

《投资组合的选择》这篇文章引用了很多别人的观点，准确地说，应该是化用，因为作者并没有注明这些观点的出处。至于原因，马柯维茨说，忘记到底谁提出的了。作者本人也未曾想，自己一篇短文会带来如此深远的影响。

但这并无伤大雅，因为这篇论文在许多方面都有所创新。特别是马柯维茨将强有力的数理统计方法引入了资产组合选择的研究中。马柯维茨第一次给出了风险和收益的精确定义，他用统计学中的均值和方差等术语来定义风险和收益。

马柯维茨认为，在一定的条件下，一个投资者的投资组合选择可以简化、平衡为两个因素：投资组合的期望回报及其方差。

风险可以用方差来衡量，通过分散化可以降低风险。投资组合风险不仅依赖不同资产各自的方差，而且依赖资产的协方差。这样，关于大量的不同资产的投资组合选择的复杂的多维问题，就被约束成为一个概念清晰的简单的二次规划问题，即均值－方差分析。马柯维茨还给出了最优投资组合问题的实际计算方法。

《投资组合的选择》被视为现代金融学的第一个突破，这篇无心插柳的短文，使得马柯维茨获得了 1990 年的诺贝尔经济学奖。其主要贡献是，发展了一个概念明确的可操作的在不确定条件下选择投资组合的理论，这个理论进一步演变成为现代金融投资理论的基础。

在此后的岁月里，经济学家们一直在利用数量化方法不断丰富和完善组合管理的理论和实际投资管理方法，并使之成为金融学的主流理论。

然而，要想操作马柯维茨最优化模型，又要面临一个巨大挑战，即需要知道未来所有参数，进行优化投资组合。除非你是上帝视角，才能知道未来所有资产的全部联合概率分布，以及未来资产的精确效用函数。

资本资产定价模型（CAPM）

20 世纪 60 年代初期，马柯维茨学术地位如日中天。

马柯维茨的门徒们开始研究马柯维茨的模型是如何影响

证券估值，这一研究导致了资本资产定价模型（Capital Asset Price Model，CAPM）的产生。

这个模型是由马柯维茨的三位学生夏普、林特纳和莫辛，根据最优资产组合选择的思想分别提出来的。这三位金融学家名字的开头字母分别为 S、L、M，因此资本资产定价模型也称为 SLM 模型。

但是，导出这个模型需要基于几个假设，其中一些假设显得过于理想化，因而该模型的实用性和有效性受到质疑。

道格拉斯·霍奇森首先发难，对资产定价模型的经验检验提出质疑，并于 1969 年在两个方面找到证据。

此后，理查德·罗尔的发现也很有影响，他提出，既然真实的市场组合永不可察，那么资本资产定价模型就永远不可检验，所以资本资产定价模型就算不上用于证券定价的完美模型。

20 世纪 70 年代末，一些研究者发现 CAPM 的预测并不如期望的那么准确，这促使金融学家去寻找新的金融学理论。

套利定价理论（APT）

套利（Arbitrage），亦称套戥，通常指在某种实物资产或金融资产（在同一市场或不同市场）拥有两个价格的情况下，以较低的价格买进，较高的价格卖出，从而获取无风险收益。

1976 年，时年 32 岁的美国经济学家斯蒂芬·罗斯在《经济理论》杂志上发表了一篇名为"资本资产定价的套利理论"的论文，提出了一种新的资产定价模型，此即套利定价理论（Arbitrage Pricing Theory），简称 APT 理论。

该理论认为，套利行为是有效市场（市场均衡价格）形成的一个关键因素。

套利定价理论用套利概念的定义均衡，不需要市场组合的存在性，而且所需的假设比资本资产定价模型（CAPM）更少、更合理。

APT 的限制条件不如 CAPM 那样严格，套利定价理论不包括以下假设：

· 单一投资期

· 不存在税收

· 投资者能以无风险利率自由借贷

· 投资者以收益率的均值和方差为基础选择投资组合

相对而言，APT 假设更少，更符合现实。但是，与 CAPM 一样，套利定价理论仍然假设：

· 市场是完美的

· 投资者有相同的预期

·投资者有着共同的风险偏好——都是风险回避型的，并且追求效用最大化

直到 20 世纪 70 年代末，EMH 依然是金融学研究中值得骄傲的成果之一。标准金融学理论，特别是套利理论，论证了金融市场是有效的市场。每当研究人员发现一些小的产生超额利润的可能性时，该理论总能找到各种解释。最为常见辩护的理由是"风险调整未及时到位"。

期权定价理论（OTP）

迈伦·斯科尔斯（Myron Samuel Scholes），1941 年出生于加拿大安大略省，芝加哥大学经济学博士。

20 世纪 70 年代初，迈伦·斯科尔斯与他的同事、已故数学家费雪·布莱克（Fischer Black）合作研究出了一个期权定价的复杂公式。这让斯科尔斯赢得了"现代期权之父"的声誉。而这个期权定价公式，也成为金融衍生品的指导方法。

几乎同时，罗伯特·默顿也发现了同样的公式及许多其他有关期权的有用结论。

最终，两篇论文几乎同时发表。所以，布莱克 - 斯科尔斯定价模型又叫布莱克 - 斯科尔斯 - 默顿定价模型。

1997 年，第 29 届诺贝尔经济学奖授予了罗伯特·默顿和

迈伦·斯科尔斯。他们创立和发展的布莱克－斯科尔斯期权定价模型，该模型是以市价价格变动定价衍生的金融工具，为包括股票、债券、货币、商品在内的新兴衍生金融市场的合理定价奠定了基础。

罗伯特·默顿（Robert Merton），1944年出生于美国的一个小镇，这个纽约郊外名叫哈斯汀的小镇聚集了一批诺贝尔奖的获得者。1968年，罗伯特·默顿在麻省理工学院经济系开始了他的学术生涯，并成为保罗·萨缪尔森的学生及助手。

默顿的研究，使金融风险管理有了定量的分析工具可用，这个领域后来被称为金融工程学。默顿的研究成果极大地促进了全球金融衍生品市场的繁荣。

默顿扩展了原模型的内涵，使之同样运用于许多其他形式的金融交易。1997年，默顿获得了诺贝尔经济学奖，这正是对他在期权定价理论方面做出杰出贡献的肯定。

瑞士皇家科学协会如此赞誉他们："在期权定价方面的研究成果是今后25年经济科学中的最杰出贡献。"

但是，获得诺贝尔奖，并不代表就是真理化身。该理论问世以来，尽管受到普遍的关注与好评，有的学者还是对模型中存在的问题发表了不同的看法。

华尔街之局——LTCM 事件

华尔街的证券投机商约翰·麦利威瑟素有"投机神童"之称，他同时还是一位工于心计的赌徒，擅长以扑克游戏训练自己的员工。麦利威瑟年纪轻轻就以"债券套利之父"的声誉蜚声华尔街。

1991 年，约翰·麦利威瑟供职的所罗门兄弟公司爆发了"莫泽尔丑闻"事件，债券交易员保罗·莫泽尔欺骗了美国财政部，提交了假债券投标书，导致所罗门兄弟公司濒临倒闭。另一位著名的证券投机商沃伦·巴菲特入主了所罗门兄弟公司。

作为所罗门兄弟公司的套利和债券部门主管，约翰·麦利威瑟对此负有直接责任。时年 45 岁的麦利威瑟被逐出了所罗门兄弟公司。

按常理，一位因丑闻而被辞退的金融界高管应该就此淡出江湖才对。但事实并没有这么简单。

20 世纪 90 年代初，华尔街的证券投机商的"做局"手段已经进化到一个全新的水平。

经过短暂的沉寂，麦利威瑟自觉东山再起的时候到了。他需要很多钱，所以他要网罗一些名气很大的金融学界泰斗，靠着这些人的名气帮他去"站台"圈钱。

1994 年初，麦利威瑟伙同默顿、布莱克、斯科尔斯等一帮学术天才，组成了一个名为"长期资本管理"的公司，公司简称为 LTCM，被基金界誉为"梦之队"。慢慢地，连做局者约翰·麦利威瑟也开始相信，这些天才可以所向披靡！

公司成立之初，十位合伙人共出资 1 亿美元组建了对冲基金，合伙人的"明星效应"使得 LTCM 在不到一年的时间里又募集到 33 亿美元的资本金。很少有哪一家对冲基金能在这么短的时间内吸引到这么多的投资，一些投资银行，如美林证券，也将自己那些富裕的客户推荐给了 LTCM。

LTCM 把这些学术大拿在 20 年前创建的理论运用在实践中，他们把有史以来所有能够得知的债券价格，全部输入电脑，并对所有债券的历史表现及其相互关系进行了分类和剖析。在此基础上，他们建立了一个模型，用以对债券未来的价格走势进行模拟和回归分析。一旦市场价格出现些许背离，他们就可以从模型中得到警告。

罗伯特·默顿有句名言："科学不一定是实用的，实用的科学也未必给人以美感，而现代金融理论却兼备了优美和实用。"

公司成立 3 年，每年回报率高达 40%，其中默顿分享的利润超过 10 亿美元。

1997 年，瑞典学院再次将诺贝尔奖发给迈伦·斯科尔斯和罗伯特·默顿。这两位学者得奖的理论是"期权定价公式"。

迈伦·斯科尔斯由于他给出了著名的布莱克－斯科尔斯期权定价公式，该法则已成为金融衍生品的指导方法，由此获得 1997 年诺贝尔经济学奖。

在罗伯特·默顿和迈伦·斯科尔斯学说的影响下，长期资本管理公司的那些教授们，真的相信市场价格将根据模型所显示的方向和水平进行变动。

在牛市的时候，傻瓜也一样能够赚钱。

从某种意义上说，LTCM 前几年所获得的那些利润并不都是赚来的，而是借来的。出来混，总是要还的。

成也萧何，败也萧何

正是靠着这些天才，长期资本管理公司快速圈到大笔资金。具讽刺意味的是，正是因为这些"梦幻组合"，最终却落得濒临倒闭的结局。

这两位创立的长期资本管理公司即便刚开始获利不菲，但在其获奖的次年，倒闭在 1998 年的金融海啸中。

1998 年初长期资本管理公司的资本金有 50 亿美元左右，到 9 月中旬落到了 15 亿美元左右，又过了一星期后，麦利威瑟不得不宣布基金只剩下 6 亿美元，到了被清盘的边缘。

与其所蒙受的巨大损失相比，长期资本管理公司前几年所获得的利润，早已被人们淡忘了。如同是一家到处收取小额保费、到头来一场地震就把它的积累全部抹平的保险公司一样。

长期资本管理公司的失败，给其投资人带来了巨大的损失。同时也给投资者带来了深刻教训。

美林证券在其 1998 年年报中，已经开始对这一模型所具有的危险有了一定的认识。

然而，这些模型给他们带来的安全感，要比实际情况多得多。

这些聪明的机构为什么愿意将大量的资金贷给长期资本管理公司呢？

1999 的一次研讨会上，共和党前任主席沃尔特·维纳直言道："因为这些银行没有更好的选择。或者说，没有勇气拒绝快到嘴边的肥肉。如果你想加入这个俱乐部的话，你就只能按照长期资本管理公司的规则玩下去，而且根本就没有什么讨价还价的余地。要么玩，要么不玩。"

在长期资本管理公司这个"局"中，几乎所有的银行都选择了"玩"，因为他们都非常贪婪，对长期资本管理公司的业绩，其合伙人的声望、学历和知名度又非常仰慕。"我们当时都被这些超人给迷住了。"

长期资本管理公司所犯的最基本的、最低级的错误是，学者们忽略了一个重要事实，那就是人类并不永远是理性的，包括很多投资高手在内。

长期资本管理公司的崩盘就是这一事实的一个活生生的教训。

不管模型怎么说，投资者永远也不会成为一台电脑。

正如行为金融学家罗伯特·希勒所说的："任何个人以个体存在时，还算明智和理性——一旦他成为群体的一员时，就会立刻沦为笨蛋。"投资者很容易受到其他人的影响，还会竞相模仿。在很多情况下，他们会跟在别人的屁股后面，你买我也买，你抛我就抛。

学者们搞混了这个极其重要的差别。在他们看来，量化模型可以放之四海而皆准，就好像它可以将无常的人生变得很有规律一样。

这个错误所造成的巨额损失，更将现代金融学所具有的缺陷暴露无遗。迄今，任何试图给股市、期货、期权等市场建模的理论都未成功。

"诺贝尔经济学奖"迷思

诺贝尔经济学奖并不是地道的"诺贝尔奖"。

诺贝尔经济学奖是由瑞典银行在 1968 年，为了纪念诺贝尔先生增设的，但是与其他的诺贝尔奖项不一样。

按照诺贝尔的遗嘱，只设立有物理、化学、生理学或医学、文学和和平等五个奖项。设立"诺贝尔奖"的初衷是奖励那些为人类做出贡献的人。

瑞典国家银行为了庆祝自己成立 300 周年，捐资给诺贝尔基金一笔钱，设立了一个冠以"诺贝尔"名字的经济学奖项。

然而，最可能令"诺贝尔奖"蒙尘的，恰恰是这个经济学奖。这是因为，一些经济学奖的获得者，自身也是金融市场投机客。很少有哪个经济学奖获得者真正预测到经济危机或者解决了什么重要的经济问题，最多提出了一些"哗众取宠"的"经济模型"罢了。

诺贝尔家族在 2001 年之后也多次提出异议，认为诺贝尔经济学奖降低了诺贝尔奖的"含金量"。

所以，自诺贝尔经济学奖设立以来就争议不断。甚至一些诺贝尔经济学奖得主也对此奖项表示质疑，比如经济学家哈耶克就对诺贝尔经济学奖表示忧虑——诺贝尔奖会赋予某些经济学家不应有的权威。

经济学和自然科学不一样，一位化学家即使获得了物理学奖，也只能影响本专业的化学家们。而经济学家主要影响外行：政客、传媒业者、一般大众。大家都愿意听一个获得了诺贝尔奖的经济学家对于治国理政有什么好主意，而诺奖的明星效应，会淹没理性。按照哈耶克的说法，现实世界中的很多坏政策，其实都是经济学家狂妄自负的产物。

诺贝尔基金会曾在 2009 年声明，经济学奖不是"诺贝尔奖"，但很快又删除了。

有人认为，既然诺贝尔经济学奖不符合诺贝尔本人意愿，就不应该用诺贝尔的名字设立这个经济学奖。塔勒布在其畅销书《黑天鹅》中说道：根据希望撤销该奖的诺贝尔家人的说法，诺贝尔现在或许正恶心得在坟墓里翻滚。塔勒布指名道姓地指出几位诺贝尔经济学奖得主是名不副实的"骗子"。特别是哈里·马柯维茨建立了现代投资组合理论，并获得诺贝尔经济学奖。他甚至做了一个预测："在这两个人能够获得诺贝尔奖的世界里，任何事都有可能发生。任何人都可能成为总统。"

教授们的归宿

长期资本管理公司失败后，罗伯特·默顿回到哈佛大学重执教鞭。几个月之后，凭着他在长期资本管理公司的失败教训，罗伯特·默顿受 J.P. 摩根公司之邀，担任了该行的风险管理顾问。

但是，默顿没有对自己的理论产生过怀疑。即使在遭受这样重大的失败以后，他们也没有对自己进行过真正的反省。

比起投资者的损失，罗伯特·默顿更担心的是，这次失败将对现代金融学理论以及他个人好不容易获得的学术地位造成毁灭性的打击。

尽管他很勉强地默认，自己所发明的模型确实遭到了失败。但他仍然坚持，现在更迫切的一件事就是，尽快设计出一种更加精确、更加复杂的模型。

我们再来看看迈伦·斯科尔斯，这位老兄在长期资本管理公司倒闭一周之后，在纽约的皮埃尔五星级大酒店，与一位女律师举行了再婚的婚礼。

斯科尔斯也终于发现，要想战胜市场是一件多么困难的事情。不过，迈伦·斯科尔斯充满了自我解嘲的幽默感。他当着众多宾客的面大声宣布，现在他宁愿随他妻子的姓，也不愿他妻子跟他的姓。

从此，斯科尔斯则开始了自己的卖文生涯。有时候，他也到斯坦福大学开一些讲座。后来他受聘于得克萨斯州大企业家巴斯，来为其管理资金。

从此，迈伦·斯科尔斯靠着分享长期资本管理公司失败教训仍活跃在公众视野，其他离开长期资本管理公司的合伙人，则真正地淡出公众视线了。

行为金融学应运而生

金融危机，让更多的人、公司、理论走下神坛，也为人们重视行为金融学研究提供了一个新的契机。

传统金融理论忽略了人的非理性因素，行为金融学应运而生了。

2002 年，瑞典皇家科学院授予卡尼曼诺贝尔经济学奖时，称他奠定了"一个新研究领域的基础"。卡尼曼的主要发现是关于不确定条件下的决策，其中他论证了人类决策是怎样系统地偏离于标准经济理论所做的预测。他的工作在经济学和金融领域中激发了新一代研究者的兴趣，致力于用认知心理学的知识探讨人类内在动机，从而丰富了经济学理论。

美国圣克拉拉大学行为金融学教授赫什·谢夫林（Hersh Shefrin）在《超越恐惧和贪婪——行为金融学与投资心理诠释》一书的序言中说：行为金融学是关于心理因素如何影响金融行为的研究。心理因素是人类欲望、目标和动力的基础，也是多种类型的根植于概念性幻觉、过度自信、过度依赖经验法则、情绪等人类错误的基础。

谢氏提到，美国长期资本管理公司（LTCM）的天才们无疑为作者研究提供了范本。当年参与拯救长期资本管理公司的雷曼兄弟公司，却没有人能将其拯救。

如果说 2001 年的"9·11"事件，是冷战结束后最能折射出国际新格局的事件。那么，在 2008 年 9 月，雷曼兄弟宣布破产，无疑是大萧条之后最重要的国际经济和金融事件。它象征着传统金融理论大厦的坍塌，折射出传统金融理论和秩序的困境。

有别于传统金融理论，行为金融学的基本假设是：投资者的偏好倾向于多样化并且多变，这种偏好通常在决策过程中才形成；决策者在决策过程中是随机应变的，他们根据决策的性质和环境做出不同选择，决策者追求满意而非最优方案。

第二章

投资心理与行为金融学

教导人们在不确定情境下的生存之道，使人们不致因犹豫不决而不知所措。

——伯特兰·罗素

本章先通过一组问题，测试一下你的理性与判断力。

A：一个酒精成瘾、每天 1/5 的时间都在喝酒的网球明星，赢得 8 个月后一个大型锦标赛。

B：一个酒精成瘾、每天 1/5 的时间都在喝酒的网球明星，一个月后加入一个戒酒协会，并戒掉了酒瘾，赢得 8 个月后一个大型锦标赛。

这两种情况，你认为哪种可能性更大？

事实上，大部分人选择了 B。可是，你只要用大脑思考一下就能意识到，这位明星在不参加戒酒协会的情况下，可以通过多种方式赢得锦标赛（比如：自己戒掉酒瘾，向其他选手行贿，或者仅仅是运气非常好）。因此，"赢得锦标赛"这一事件肯定比"参加戒酒协会，并戒掉酒瘾后，再赢得锦标赛"这一系列特定事件出现的要容易得多。

　　然而，参加戒酒协会这一事件将各个部分串联起来成为一个故事，形成了一个看似合理、具有一致性和说服力的情境。行为金融学，是金融学与心理学的交叉学科，揭示的是人类在金融领域的非理性行为。它所研究的，就是如何对抗类似的误判。行为金融学的一些基本理论是在行为经济学与投资心理学的基础上衍生出来的，本章做一些简要介绍。

"锚定效应"对思维决策的影响

　　有一个商贩，想 50 元卖给顾客一件工艺品，但他一开口要价 100 元。

　　顾客嫌贵，掉头就走。这时商贩喊道："80 元买不买？"

　　顾客不理他，继续往前走。

　　商贩说："60 元，赔钱卖给你！"

　　这时，顾客有点心动了，忍不住回了一句："50 元你还有得赚。"

商贩的回答比老鼠夹子还快："成交！"

市场上，经常有商家虚报价格，然后再给点折扣把虚高的价格降下来。

这个过程会使买家产生占了便宜的幻觉，从而忽略了这个东西本身的真实价值。

锚，更确切地说是和锚相关的概念，对第二次、第三次以及随后考虑的信息会产生一种偏差效应，特别是当信息需要从记忆中提取时。所谓锚定理论，说的就是这个道理：人们会倾向于用一个"初始值"为参照，调整判断，以获得最终估值。这种"初始值"对人的影响非常隐蔽，就像沉入海底的锚一样把人们的思想固定在某处。

康奈尔大学的拉索教授，曾向 500 名正在研修 MBA 的学生提出类似的问题，他的问题是：匈奴王阿提拉在哪一年战败？

拉索要求这些学生把他们自己的电话号码最后 3 个数字，加上 400，当作这一问题的"基准"数字。

如果得到的和为 400-599，这些学生猜测的阿提拉战败年份平均是公元 629 年。

如果得到的和为 120-399，这些学生猜测的阿提拉战败年份平均是公元 988 年。

这些被测试学生明明知道他们得到的基准数字毫无意义，可是这个数字仍然对他们产生了影响。

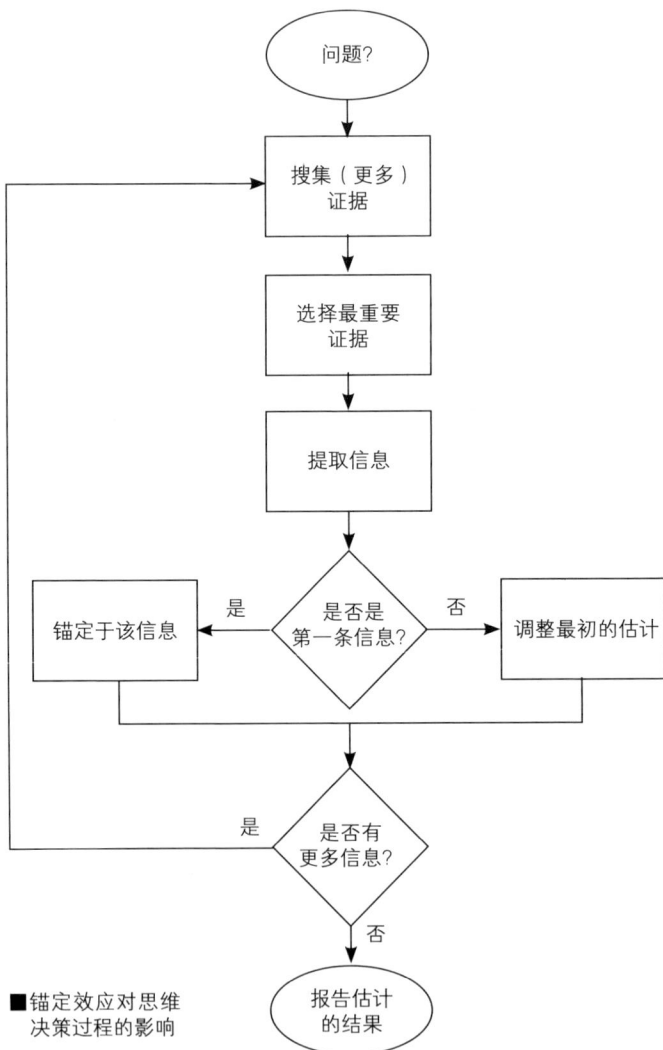

```
         ┌─────────┐
         (  问题?  )
         └─────────┘
              │
         ┌─────────┐
         │搜集（更多）│
         │  证据    │
         └─────────┘
              │
         ┌─────────┐
         │选择最重要 │
         │  证据    │
         └─────────┘
              │
         ┌─────────┐
         │ 提取信息 │
         └─────────┘
              │
    是   ◇是否是◇   否
 锚定于该信息─第一条信息?─调整最初的估计
              │
         ◇是否有◇
    是   更多信息?
              │否
         ( 报告估计 )
         (  的结果  )
```

■锚定效应对思维
 决策过程的影响

金融市场上的操纵者，经常利用锚定理论拉高出货。

某只股票上市，以 6 元多的发行价高开到 16 元，当换手率达到 70% 的时候，下午戏剧性的一幕上演了，股价一度上涨到 50 元，最后收于 31 元。

这种奇怪的走势也许是偶然的，但更可能是人为的操纵。操纵者为什么要把当日拉高，此后又跌停？实际上操纵者是在利用行为金融学里的锚定原理，操纵投资者的心理，实现自己的诱多意图。

一些股票，本身炒作到 20 元就到位了，但运作者一定要炒到 30 元，甚至 40 元，然后把价格打到 20 元。此时的 20 元价格很容易出货。如果是直接拉到 20 元，没有锚定效应，反而不好出货。

国外金融市场有所谓"傻瓜卷土重来"（fools rallies）的说法，这其实也是一种锚定效应。在泡沫最终破裂的时候，价格从峰值开始显著下降。但是，在价格最终一泻千里之前，通常有短暂的"傻瓜卷土重来"阶段。

决策中的"心理分账"现象

美国学者研究发现，赌场中的赌徒，在赢钱之后，往往愿意冒更大的风险。赌博者觉得，反正这是玩别人的钱。

　　吉姆·罗杰斯讲过，在股票市场里很多人都犯同一个错误："买了某种股票，看它涨了，就以为自己聪明能干。他们觉得买卖股票容易得很。他们赚进了很多钱，就迫不及待地开始寻找其他投资。其实这个时候他们应该什么都不干。自信心会导致骄傲，最终导致狂妄自大。其实此时你真的应该把钱存进银行，到海滨去玩上一段时间，直到自己冷静下来。因为好机会本来就不多，更不会接踵而来。但是，你并不需要很多好机会，如果你不犯太多错误的话。"

　　研究还发现，为了保证每个月能有一笔相对固定的收入，出租车司机往往会给自己订一个日收入计划，比如每天要挣到 500 元才能回家休息。因此晴天生意不好的时候，他们工作的时间过长，通常要做到很晚才能赚到计划的收入后回家；而在雨天生意好的时候，他们又很快就挣到 500 元过早地回家去了。

　　凡此种种，都属于泰勒教授提出的心理账户（Mental Accounting）的范畴。

　　人的头脑里有一种心理账户，人们把实际上客观等价的支出或者收益在心理上划分到不同的账户中。心理账户的存在影响着人们以不同的态度对待不同的支出和收益，从而做出不同的决策和行为。

"后悔"对投资决策的影响

1980年，理查德·泰勒在《经济行为和组织》期刊上，首次提出了 Regret Theory，孙惟微将其译为"懊悔理论"。

泰勒做了类似这样一个测试：

甲先生在电影院排队买票。到了售票口，他发现他是这家戏院的第1万名顾客，因此得到了1000元奖金。

乙先生在另一家电影院排队买票。他前面的人刚好是这家戏院第10万名顾客，得到了10000元奖金；而乙先生因为紧随其后，也得到了1200元奖金。你愿意当甲先生还是乙先生？

泰勒说，出乎意料的是许多人宁可当甲先生（得到1000元），而不愿意当乙先生（可以拿到1200元），理由就是不想感到懊悔。跟1000元奖金失之交臂，会让这些人痛心不已，因此他们宁可少拿200元，也要避免因为懊恼而跺脚。

泰勒把这种心态称为**"懊悔规避"**（Regret aversion）。

阿福是一个股民，在网上炒股票，交易费用为零，股票抛出以后，钱会自动转账到他的活期存款账目中。

上个月，阿福买了10000股"海神电器"，当时买入价是32元/股。

阿福这天上网一看，却发现形势不妙。"海神电气"已跌到了 15 元 / 股。阿福呆呆地坐在电脑面前，到底要不要抛掉呢？无法做出最后的决定。

鼠标就停在"抛售"这个按钮上，但阿福始终没有勇气点下去。

问：如果你是阿福，你最终究竟会选择抛，还是不抛呢？

实验结果是绝大多数人选择"不抛"。

正当阿福举棋不定的时候，电话铃响了。当阿福接完电话再次走进房间时，发现宠物猫咪爬到桌子上了，猫爪子正好搭在鼠标上，按下了"抛售"键。

阿福原先的 32 万元，现在已经变成了 15 万元，并且实时地转到了他的活期账目中。

问：如果你是阿福，你现在是否立即再把"海神电气"买回来以继续持有呢？还是再等等看，或者把这 15 万元投资于其他的股票。

实验结果是大部分人选择不买。

其实这两道题是等价的，你所需做出的决定都是在"海神电气"价格 15 元 / 股的情况下，决定到底是继续持有还是立即出手。

如果你不想卖掉你的股票是因为你觉得它行情看涨，那么猫咪是否"闯祸"并不影响它的行情，你应该在猫咪"闯祸"后再把它买回来；如果说猫咪"闯祸"以后你不愿意再把它买回来，说明你不看好这只股票，那么你应该在第一个问题里就把股票卖掉。

这个实验是由华裔学者奚恺元教授设计的，叫作"持有者悖论"。

"自负"对投资决策的影响

研究证明，我们的大脑结构使我们过度自信。研究者曾问被试者一系列问题，例如，调查人们对自己驾驶能力的判断，答案包括"一般""超过一般"或"低于一般"。超过80%的人相信自己的水平超过一般，而不是低于一般。

一个对自己没有任何信心的人是不会去投资的，更不要说投机。作为投资者，必须避开过度自信的心理陷阱。

研究表明，过度自信的投资者会频繁交易。

心理学家发现，在男性化的职业范畴，比如体育竞技、组织领导、财务管理等，男人比女人有着更严重的过度自信。因此，男性投资者比女性投资者交易更加频繁。

单身男性投资者又比已婚男性投资者交易更加频繁。

经济学家布拉德·巴伯和特伦斯·奥迪恩的调查显示，

单身男性的账户年周转率平均为 85%，已婚男性的账户年周转率平均为 73%。

在巴伯和奥迪恩的另一项研究中，他们取样 1991 年至 1996 年的 7.8 万名投资者，发现年交易量越高的投资者实际投资收益越低。过度自信的投资者更喜欢冒风险，同时频繁的交易也导致交易佣金过高。

交易频繁不仅会导致高额的佣金成本，还会导致投资者卖出好的股票而买入差的股票。

金融学的划时代转折

2002 年，瑞典皇家科学院宣布，由美国普林斯顿大学的以色列教授丹尼尔·卡尼曼（Daniel Kahneman）和美国乔治梅森大学教授弗农·史密斯（Vernon L.Smith）分享 2002 年诺贝尔经济学奖。

卡尼曼是因为把心理学研究和经济学研究结合在一起，特别是与在不确定状况下的决策制定有关的研究而得奖。弗农·史密斯是因为通过实验室试验进行经济方面的经验性分析，特别是对各种市场机制的研究而得奖。

1. 丹尼尔·卡尼曼

1934 年出生在以色列特拉维夫，具有以色列和美国双重国籍。1954 年毕业于以色列耶路撒冷的希伯来大学，获心理学与数学学士学位，1961 年获美国加州大学心理学博士学位，1961-1978 年先后任希伯来大学心理学讲师、高级讲师、副教授、教授，1978-1986 年任加拿大不列颠哥伦比亚大学心理学教授，1986-1994 年任美国加州伯克利大学心理学教授，1993 年起任美国普林斯顿大学心理学教授和伍德罗威尔森学院公共事务教授，2000 年起兼任希伯来大学理性研究中心研究员。

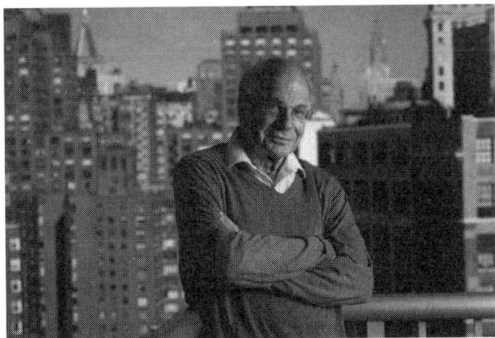

■丹尼尔·卡尼曼（Daniel Kahneman），美籍犹太裔心理学家，与特韦斯基联合创立了"前景理论"。

2. 经济研究靠拢心理分析和实验科学

长期以来经济学被视为经验科学或思辨性哲学，卡尼曼和史密斯正是这两个研究领域的先驱。

卡尼曼发现了人们面临不确定性时候的决策规律，人类的决策与根据传统经济理论做出的预测大相径庭。

1979 年，他与阿莫斯·特韦斯基合作，共同提出了"前景理论"（prospecttheory）。该理论是行为经济学的重要基础，能更好地说明人的经济行为。他们通过实验对比发现，大多数投资者并非标准金融投资者而是行为投资者，他们的行为不总是理性的，也并不总是回避风险的。投资者在投资账面值损失时更加厌恶风险，而在投资账面值盈利时，随着收益的增加，其满足速度减缓。

前景理论解释了不少金融市场中的异常现象：如阿莱悖论、股价溢价之谜以及期权微笑等。

3. 心理学家卡尼曼对经济学的贡献

卡尼曼的突出贡献在于把心理学成果与经济学研究有效结合，从而解释了人类在不确定条件下如何做出判断。而史密斯的获奖原因是发展了一整套实验研究方法，尤其是在实验室里研究市场机制的选择性方面。

但卡尼曼一直强调自己是一名心理学家而非经济学家。

据说，当他得知自己获奖消息后，十分激动，以致把自己反锁到屋外，后来不得不破窗而入。

卡尼曼说，"得奖是对行为经济学研究者的认可"。

获奖当天，在近 200 名师生为他举行的庆功会上，他高兴之余，还有一点伤感。

因为他长期的研究伙伴阿莫斯·特韦斯基已于 1996 年去世了。

他们从 20 世纪 70 年代开始就合作研究有关前景理论。当被问到如何使用这 50 万美元的奖金时，他说："年龄越大，就越能做出明智的投资决策。我现在的年龄会让我大赚一笔。"

4　心理学与投资行为的结合

丹尼尔·卡尼曼将心理学研究的视角与经济科学结合起来，成为这一新领域的奠基人。

在他之前，经济学和心理学在研究人类决策行为上有着极大的区别：经济学的观点认为外在的激励形成人们的行为，而心理学恰恰相反，认为内在的激励才是决定行为的因素。

卡尼曼在不断修正"经济人"假设的过程中，看到了经济理性这一前提的缺陷，也就发现了单纯的外在因素不能解释复杂的决策行为，由此正式将心理学的内在观点和研究方法引进了经济学。

卡尼曼最重要的成果是关于不确定情形下人类决策的研究，他证明了人类的决策行为如何系统性地偏离标准经济理论所预测的结果。

首先，他论证了在不确定情形下，人们的判断会因为依照"倾向于观测小样本"形成的"小数法则"行事，或对于容易接触到的信息的熟悉和对主观概率准确性的盲目偏信，而导致决策行为系统性地偏离了基本的概率论原理。

其次，在与特韦斯基的合作中，他系统地陈述了"前景理论"。与公理式的"期望效用理论"相比，描述式的"前景理论"能够更好地解释"阿莱悖论"（Allais Paradox），并且用基于参考水半的两步决策假说解释了人们厌恶损失的心理，解决了过去"期望效用理论"不能解释人们明显的风险偏好行为，完善了在不确定情形下的人类决策行为理论。

5. 体验效用也可测度

卡尼曼研究领域之一是幸福心理学，也可以定义为对快乐与痛苦、幸福与悲惨的研究，二者均为当期所体验并且在未来被记忆的感受。

当我们谈论幸福时，我们实际上指的是什么？我们知道幸福来自许多不同的源泉，这取决于具体个人的观点。

但是根据卡尼曼的说法，人们并不知道他们究竟有多么幸福，因为幸福是相对的。

卡尼曼一直试图"回到边沁"，用边沁的效用观念，即快乐与痛苦的享用体验统治我们的生活，告诉我们应当做什么以及决定我们实际上做什么。

1998 年，卡尼曼与来自德州大学奥斯汀分校的同事大卫

施卡德做了一项研究，两位研究者要求身处加州和中西部的
2000 名本科生为自己的生活满意度打分。结果这两个地区学
生的评分几乎没有差异，虽然两组受测者都认为在加州会更幸
福。学生们正确地假定加州人会比中西部人对于自己所处的气
候环境更为满意，但是没有认识到天气并不能够影响人们对自
己生活的总体评价。该研究表明人们不能想象适应环境会对他
们的幸福产生何种效应。

　　卡尼曼所谓的"体验效用"，比较接近边沁将决策与福利
结合在一起的更为宽泛的概念。卡尼曼断言他自己的研究表明
体验效用可以被测度，测度的质量最终好得足以获得对福利和
悲惨的测度，因此能够满足制定政策的需要。

6. 开创与发展

　　行为经济学和行为金融学证明，人类动机有着更为丰富
的层次。典型的"经济人"是不会参加诸如总统选举投票的，
也不会在酒店用餐之后给服务小费。尽管现实生活中许多人根
本不参加投票，有些人在离开城外饭店时也不留下小费。然而
成百上千万人定期投票，大多数人在饭店用餐后给服务小费。
行为经济学把上述源于不同动机背景的事例称为"貌似非理性
但无遗憾的行为"。

　　卡尼曼的研究还探索了公共物品的估价问题，强调了诸

如对埃克森公司因石油泄漏之后对阿拉斯加海域产生危害而引发的金融负债所进行的评估。卡尼曼还开发了科学地研究幸福与痛苦的新方法，该研究结果对公共决策具有特别重要的意义。

卡尼曼的研究成果获得诺贝尔奖评委会肯定后，便掀起了行为经济学和金融学的研究热潮。

在卡尼曼和特韦斯基的研究基础上，另一科班出身的经济学家理查德·泰勒，做出开创性工作。

泰勒是传统经济学博士出身，但他毕业后转身研究行为经济学。泰勒教授的研究主要集中于心理学、经济学等交叉学科，属于"经济学帝国主义"的开疆拓荒者，被认为是现代行为经济学和行为金融学领域的先锋经济学家，并且在储蓄和投资行为研究具有很深的研究造诣。理查德·泰勒是行为经济学真正意义上的创立者。

■理查德·泰勒（Richard Thaler），行为经济学的
重要开创者。

前景理论释义

前景理论是诺贝尔经济学奖得主，卡尼曼（Kahneman）和特韦斯基（Tversky）在 1979 年提出的。

前景理论是分析在不同的风险预期条件下，人们的行为倾向的个性理论。本书将前景理论归纳为以下 5 句话。

1."二鸟在林，不如一鸟在手"，在确定的收益和"赌一把"之间，多数人会选择确定的好处。所谓见好就收，落袋为安，称为"确定效应"。

2. 在确定的损失和"赌一把"之间，做一个抉择，多数人会选择"赌一把"，称为"反射效应"。

3. 白捡的 100 元所带来的快乐，难以抵消丢失 100 元所带来的痛苦，称为"损失规避"。

4. 很多人买过彩票，虽然赢钱可能微乎其微，你的钱 99.99% 的可能支持福利事业和体育事业了，可还是有人心存侥幸搏小概率事件，称为"迷恋小概率事件"。

5. 多数人对得失的判断往往根据参照点决定，举例来说，在"其他人一年挣 6 万元你年收入 7 万元"和"其他人年收入为 9 万元你一年收入 8 万"的选择题中，大部分人会选择前者，称为"参照依赖"。

一、确定效应

所谓确定效应，就是在确定的好处（收益）和"赌一把"之间，做一个抉择，多数人会选择确定的好处。用一个词形容就是"见好就收"，用一句话打比方就是"二鸟在林，不如一鸟在手"，正所谓落袋为安。

让我们来做这样一个实验。

A. 你一定能赚 30000 元。

B. 你有 80% 可能赚 40000 元，20% 可能性什么也得不到。

你会选择哪一个呢？

实验结果是，大部分人选择 A。

传统经济学中的"理性人"这时会跳出来批判：选择 A 是错的，因为 40000×80%=32000，期望值要大于 30000。

这个实验结果是对"原理 1"的印证：大多数人处于收益状态时，往往小心翼翼、厌恶风险、喜欢见好就收，害怕失去已有的利润。卡尼曼和特韦斯基称为"确定效应"（Certainty Effect），即处于收益状态时，大部分人是风险厌恶者。

"确定效应"表现在投资上就是投资者有强烈的获利了结倾向，喜欢将正在赚钱的股票卖出。

投资时，多数人的表现是"赔则拖，赢必走"。在股市中，普遍有一种"卖出效应"，也就是投资者卖出获利的股票的意向，要远远大于卖出亏损股票的意向。这与"对则持，错即改"的投资核心理念背道而驰。

二、反射效应

面对两种损害，你是会选择躲避呢，还是勇往直前？

当一个人在面对两种都损失的抉择时，会激起他的冒险精神。在确定的坏处（损失）和"赌一把"之间，做一个抉择，多数人会选择"赌一把"，这叫"反射效应"。用一句话概括就是"两害相权取其轻"。

让我们来做这样一个实验。

A. 你一定会赔 30000 元。

B. 你有 80% 可能赔 40000 元，20% 可能不赔钱。

你会选择哪一个呢？投票结果是，只有少数人情愿"花钱消灾"选择 A，大部分人愿意和命运抗一抗，选择 B。

传统经济学中的"理性人"会跳出来说，两害相权取其轻，所以选 B 是错的，因为（−40000）×80%=−32000，风险要大于损失 30000 元。

现实是，多数人处于亏损状态时，会极不甘心，宁愿承受更大的风险来赌一把。也就是说，处于损失预期时，大多数人变得甘冒风险。卡尼曼和特韦斯基称为"反射效应"（Reflection Effect）。

反射效应是非理性的，表现在股市上就是喜欢将赔钱的股票继续持有下去。统计数据证实，投资者持有亏损股票的时间远长于持有获利股票。投资者长期持有的股票多数是不愿意"割肉"而留下的"套牢"股票。

然而，失败者并不总是风险厌恶者。很多输钱的赌徒会采取要么翻倍下注、要么不赌的策略，称为翻倍下注效应。翻倍下注的输家比拒绝再玩的输家反应更加极端，他们幻想一举捞回所有的损失。

在赌桌上，很多赌徒会受到情绪的影响。赢钱了，会激起他赢更多的欲望；输钱了，有唤起他不顾一切要捞回来的报复心。

赌场对赌客的心理很有所研究。一些赌场的"荷官"（赌台发牌员）会利用赌客的非理性，用语调、手势来刺激赌客下注。所以，有些赌客在失利的时候赌注反而下得更大。

三、损失规避

如何理解"损失规避"？用一句话打比方，就是"白捡的 100 元所带来的快乐，难以抵消丢失 100 元所带来的痛苦"。

前景理论最重要也是最有用的发现之一是：当我们做有关收益和有关损失的决策时表现出的不对称性。对此，就连传统经济学的坚定捍卫者保罗·萨缪尔森也不得不承认："增加

100 元收入所带来的效用，小于失去 100 元所带来的效用。"

这其实是前景理论的第 3 个原理，即"损失规避"（Loss Aversion）：大多数人对损失和获得的敏感程度不对称，面对损失的痛苦感要大大超过面对获得的快乐感。

行为金融学家通过一个赌局验证了这一论断。

假设有这样一个赌博游戏，投一枚硬币，正面为赢，反面为输。如果赢了可以获得 50000 元，输了失去 50000 元。请问你是否愿意赌一把？请做出你的选择。

A. 愿意

B. 不愿意

从整体上来说，这个赌局输赢的可能性相同，就是说这个游戏的结果期望值为零，是绝对公平的赌局。你会选择参与这个赌局吗？

但大量类似实验的结果证明，多数人不愿意玩这个游戏。为什么人们会做出这样的选择呢？

这个现象同样可以用损失规避效应解释，虽然出现正反面的概率是相同的，但是人们对"失"比对"得"敏感。想到可能输掉 50000 元，这种不舒服的程度超过了想到有同样可能赢来 50000 元的快乐。

由于人们对相同数量的损失要比收益敏感得多，因此即使股票账户有涨有跌，人们也会更加频繁地为每日的损失而痛苦，最终将股票抛掉。

一般人因为这种"损失规避"（Loss Aversion），会放弃本可以获利的投资。

在经历了亏损之后，人们会变得更加不愿意冒风险。赌博者在输钱之后通常会拒绝赌博，感觉像被蛇咬了，所谓"一朝被蛇咬，十年怕井绳"者也，泰勒称为蛇咬效应。

四、迷恋小概率事件

买彩票是赌自己会走运，买保险是赌自己会倒霉。这是两种很少发生的事件，人们却十分热衷。前景理论还揭示了一个奇特现象，即人类具有强调小概率事件的倾向。何谓小概率事件？就是几乎不可能发生的事件。

比如天上掉馅饼，这就是个小概率事件。掉的是馅饼固然好，但如果掉下来的不是馅饼而是陷阱呢？当然也属于小概率事件。

面对小概率的赢利，多数人是风险喜好者。

面对小概率的损失，多数人是风险厌恶者。

事实上，很多人买过彩票，虽然赢钱可能微乎其微，你的钱 99.99% 的可能支持福利事业和体育事业了，可还是有人心存侥幸搏小概率事件。

　　同时，很多人买过保险，虽然倒霉的概率非常小，可还是想规避这个风险。人们的这种倾向，是保险公司经营下去的心理学基础。

　　在小概率事件面前人类对风险的态度是矛盾的，一个人可以是风险喜好者，同时又是风险厌恶者。传统经济学无法解释这个现象。

　　前景理论指出，在风险和收益面前，人的"心是偏的"。在涉及收益时，我们是风险的厌恶者；但涉及损失时，我们是风险喜好者。

　　但涉及小概率事件时，风险偏好又会发生离奇的转变。所以，人们并不是风险厌恶者，人们在自认为合适的情况下非常乐意赌一把。

　　归根结底，人们真正憎恨的是损失，而不是风险。

　　这种损失规避而不是风险厌恶的情形，在股市中常常见到。比如，我们持有一只股票，在高点没有抛出，然后一路下跌，进入了彻彻底底的下降通道，这时的明智之举应是抛出该股票，而交易费用与预期的损失相比，是微不足道的。

　　扪心自问，如果现在持有现金，还会不会买这只股票？你很可能不会再买吧，那为什么不能卖掉它买别的更好的股票呢？也许，卖了它后损失就成了"事实"吧。

五、参照依赖

传统经济学的偏好理论（Preference Theory）假设，人的选择与参照点无关。行为金融学则证实，人们的偏好会受到单独评判、联合评判、交替对比及语意效应等因素的影响。

参照依赖理论：多数人对得失的判断往往根据参照点决定。

一般人对一个决策结果的评价，是通过计算该结果相对于某一参照点的变化而完成的。人们看的不是最终的结果，而是看最终结果与参照点之间的差额。

假设你面对这样一个选择：在商品和服务价格相同的情况下，你有两种选择：

A. 其他同事一年挣 6 万元的情况下，你的年收入 7 万元。

B. 其他同事年收入为 9 万元的情况下，你一年有 8 万元进账。

卡尼曼的调查结果出人意料：大部分人选择了前者。

事实上，我们拼命赚钱的动力，多是来自同侪间的忌妒和攀比。

我们对得与失的判断，是来自比较。

一样东西可以说成"得"，也可以说成"失"，这取决于参照点的不同。非理性的得失感受会对我们的决策产生影响。

信念	释义	原理	表现
一毛不拔	损失反应过敏症	损失规避	多数人对损失比对收益更为敏感
眷恋物权	所有权眷恋症	损失规避	赠予效应、敝帚自珍
落袋为安	二鸟在林，不如一鸟在手	确定效应	在确定的好处（收益）和"赌一把"之间，做一个抉择，多数人会选择确定的好处
困兽犹斗	两害相权赌一把	反射效应	在确定的坏处（损失）和"赌一把"之间，做一个抉择，多数人会选择"赌一把"
黑即是白	没有比较就没有鉴别	参照依赖	多数人对得失的判断往往由参照点决定
不怕一万	低估大概率事件	低估大概率事件	面对大概率的损失，人类是风险追逐者
就怕万一	迷恋小概率事件	高估小概率事件	面对小概率的损失人类是风险厌恶者

第三章
动物精神与决策偏差

我们认为自己与猿类的区别在于我们拥有思考的能力。但是我们不曾记得，这种能力只类似于一岁孩童的行走能力。我们的确在思考，但是思考得如此糟糕，以至我时常感觉，也许我们不去思考反而更好。

——伯特兰·罗素

"动物精神"（Animal Spirits）这个概念出自凯恩斯的《就业、利息和货币通论》一书。

"除了投机所造成的经济上的不稳定性意外，人类本性的特点也会造成不稳定性，因为，我们积极行动的很大一部分来源于自发的乐观情绪，而不取决于对前景的数学期望值，不论乐观情绪是否出自伦理、苦乐还是经济上的考虑。关于结果要在许多天后才能见出分晓的积极行动，我们大多数决策很可能起源于动物的本能——一种自发的从事行动、而不是无所事事的冲动；它不是用利益的数量乘以概率后而得到的加权平均数所导致的后果。"

　　凯恩斯使用动物精神来比喻投资客的非理性动机。投资客受本能驱动的行为，往往会表现出一种"动物精神"。用各种动物来比喻这些非理性的投资行为非常形象。

■ 约翰·梅纳德·凯恩斯（John Maynard Keynes，1883 – 1946），他创立的宏观经济学与弗洛伊德所创的精神分析法和爱因斯坦发现的相对论一起并称为 20 世纪人类知识界的三大革命。

喜欢预测是我们的本能

　　正如蜘蛛爱到处结网，人类大脑生来就爱归纳，强迫性地爱总结，这是进化所产生的一种生物本能。

　　人类历史盛行着一种古老的谬误：如果在 A 之后发生了 B，那么 A 一定导致 B。

　　假设有位史前猎人，某天听见一只喜鹊在叫，接着他猎到了一只鹿。从此他就认为，这喜鹊的叫声能带来好运。

　　这位猎人打了个喷嚏，接着有位亲戚来访，从此他就相信，打喷嚏必然兆示有客人到来。

　　只有将不确定性变为确定性，人类才能获得安全感，才能睡得香，这是亘古不变的思维习性。

　　如果你相信金融危机、地震、森林火灾、生物灭绝等极端事件，那么你就应该对准确预测它发生的规模和时间的做法感到可笑。

　　但是，特韦斯基指出，人类的思维，倾向于从无序中看出秩序，从不规律中找出规律。即便是从一大堆随机的经济数据中，也能推出所谓的规律。

　　特韦斯基证明，许多事件的发生完全是随机和运气因素的结果，而人类有一种表征直觉推理的习惯，即从一些数据的表面特征，直觉推断出其内在的规律性，从而产生认知和判断偏差。

"赌徒谬误"与"热手效应"

　　"赌徒谬误"亦称为蒙地卡罗谬误，是一种错误的信念，以为随机序列中一个事件发生的概率与之前发生的事件有关，即其发生的概率会随着之前没有发生该事件的次数而上升。比如在轮盘游戏中，赌徒往往认定其中的红黑两色会交替出现，如果之前红色出现过多，下次更可能出现黑色。再如重复抛一个公平硬币，而连续多次抛出反面朝上，赌徒可能错误地认为，下一次抛出正面的机会会较大。

可是，直觉未必是靠得住的。可以通过一个投掷硬币的试验来解释。

如果你将一个硬币连续用手弹6次，通常认为投掷结果显示的背面与正面数应该大致相等。

硬币正反面出现的可能顺序是：正正正正反反。6次中有4次正面，其中连续出现4个正面！

而投掷的次数越多，正面多于背面或背面多于正面的可能性将越大，而且无法确定到底会是哪一种情况，完全是随机的。

投资客把这种效应移植到股票市场，却认为他们发现了某种趋势。

当然，并不是说股票市场价格是完全不可预测的，在全面考虑各方面情况时，的确可以在某种程度上对价格做出预测。但是，投资客错误地假设股票价格在经过一段时间的上升之后要比经历过下跌更容易保持上升的势头，同样，股票价格经历过下跌之后要比经历过上升更容易发生进一步的下跌。

投资客从情感上希望自己坚持这种观点，同时往往忘记了数据模型仅仅是真实世界的代表。

然而，这并不是一个自欺欺人的简单例子。

在心理学家卡尼曼和特韦斯基看来，这种"赌徒谬误"错觉一直存在，甚至在人们已经认识到了这种错觉特征的情况下还是一直存在。

而且这种现象非常普遍，不仅存在于投资领域，同时还存在于其他类型的人类活动中。

例如，在篮球运动中，人们习惯于把连续投篮成功的球员叫作"热手"。

如果篮球队员投篮连续命中，球迷一般相信球员"手感好"，下次投篮还会得分。

这使很多有经验的球员、教练以及球迷相信球员在投中一个球之后比投丢一个球之后更容易投进下一个球。

第一次投篮和第二次投篮是否命中没有任何联系，即使卡尼曼和特韦斯基，通过统计数据证明了所谓热手只是人们的幻觉，球员在投中球后与投丢球后投中下一个球的概率是一样的，人们还是坚持这样的看法。

谁是这种错误理论的铁杆支持者呢？是那些有经验的球员、教练以及球迷。在股市中，这种荒诞的专家并不在少数。

猴子也信运气

为了测量猴子是否相信运气，研究人员创造了一种非常吸引人的电脑化游戏，猴子可以连续玩几个小时。

因此，研究小组修订了一种快节奏的任务，每一只猴子可以选择左或者右，当猜对时就可以获得奖励。

研究人员创造了三种类型的游戏，其中两种有清晰的规律可循——正确的答案往往会在一边重复进行，或者从左到右交替进行。当存在清晰规律时，这三只恒河猴很快就猜对了正确的答案。

但是，在随机情景里，猴子仍然会做特定决定，仿佛在期待"运气"。

换句话说，即使奖励是随机发放的，猴子仍倾向于选择左或者右某一边。

在持续进行的数周游戏里，每一种类型的游戏平均进行了 1244 次试验，猴子都表现出"热手效应"。

各种证据一再表明，结果是随机的，猴子仍会有这种关于运气的虚假信念。

研究者怀疑野外环境里的食物才是罪魁祸首——如果你在

原木一边发现了一只多汁的甲虫，这可能是很好的证据表明在邻近的地点可能还存在另一只甲虫，因为甲虫和大多数食物来源一样，往往毗邻生活。

进化导致我们的大脑倾向于总结规律。我们拥有这种不可思议的动力去寻找大千世界里的规律。

理解"热手效应"可以有助于治疗赌博上瘾并为投资者提供新的思路。如果相信连胜是天生的，那么我们可能需要为那些无法控制赌博瘾的人提供更严格的控制。投资者必须谨记在心，人类具有与生俱来的偏见，认为如果一只股票走高，那么它将持续走高。

向动物问卜

人们喜欢算命，股市是最能激发大众想象力的场所。

人，作为万物之灵长（自封的），应该是最聪明的动物。可是，对未来的不确定性，使人类常常乞灵于低等生物。比如，算命师有一种占卜术，就是让一只训练有素的鸟儿，帮求卜者衔一张纸牌。这种"衔牌算命"的签上写的东西，都是一些可以做多种解读的话。

曾经对世界杯的预测让一只名叫保罗的章鱼名满天下。2009年，对俄罗斯股市的预测，也让一只猴子一战成名。

俄罗斯国家电视台（Vesti）报道称，2009 年初，俄罗斯"杜罗夫爷爷的角落"剧院的一只猴子，被请入俄罗斯《财经》周刊的金融实验中，成为一名虚拟股票经纪人。

实验中，这只名叫卢莎的猴子在 30 枚表示俄罗斯不同公司股票的骰子中，选择了 8 枚进行投资组合，并向它们投入100 万虚拟卢布。同时它把自己的资产分为两半：一部分投入国有公司，另一部分则向私营企业投资。

当 2009 年底金融专家们对猴子卢莎所选股票投资总存量价值变化进行观察时，结果甚至令此前持怀疑态度的人也大吃一惊。在过去的一年中，猴子卢莎购买的矿业公司股票上涨了约 150%，电信企业股票增值 240%。不过，为猴子卢莎带来最大收益的是银行业股，涨幅达 600%。

猴子卢莎比大部分俄罗斯金融分析师赚得都多！

俄罗斯《财经》周刊主编奥列格·阿尼西莫夫感到惊讶。阿尼西莫夫说："俄罗斯 94% 的基金输给了一只猴子。所有人都感到震惊。现在要怎样取得分红呢？把钱寄到马戏团？"

或许有人会认为，猴子卢莎的买入时机，刚好处于股市低部，它运气好而已，但另外两个发生在华尔街的真实实验，则会改变很多人的想法。

1967 年 6 月，有一个美国参议员用飞镖去掷一份财经报纸，投资 2.8 万美元，将《纽约时报》的股票版钉在墙壁上，用蒙眼掷飞镖的方式乱射，掷中哪家公司，他就买哪家公司 1 千元股票。17 年后获利 470%。同一时间段内，只有极少数的几位基金经理业绩比他好。

20 世纪 80 年代末，《华尔街日报》出面组织了一场历时数年的著名公开竞赛，一方是一头会掷飞镖的大猩猩，另一方是由当时华尔街最著名的若干股票分析师组成的专家组。结果还是大猩猩赢了。

受制于基因的蜜蜂

一只蜜蜂飞出去，找到花蜜后再飞回来。它会用跳舞的方式告诉其他蜜蜂花蜜的地点，然后集体出发去采蜜。

斯金纳是行为主义学派最负盛名的代表人物——被称为"彻底的行为主义者"，也是世界心理学史上最为著名的心理学家之一。

斯金纳曾经做过一个实验。他把花蜜高高地垂直放在蜂巢上面。要知道，在自然的状态下，花蜜不会那样垂直在上的。

现在，这只可怜的蜜蜂没有进化出充分的心智模式来应付这种局面，它不知道该怎样向其他蜜蜂传递这样一种信息。

你也许会想，这只蜜蜂会飞回蜂巢，然后悄悄藏在一个角落里。但是它没有，它飞进蜂巢，"语无伦次"地跳起舞来。

蜜蜂受基因的限制，不知道如何表达自己不理解的事情，只能把其他蜜蜂搞得晕头转向。

股市中也同样存在这样的人，他们对自己不理解的事情胡言乱语，听信这样的妄言，只能徒增困扰而已。其实对自己不理解的问题的最好回答是闭嘴，因为没人要求你懂得所有问题。但没有真才实学又偏爱发言的人，喜欢头头是道地乱讲，他们和斯金纳那只乱舞的蜜蜂一样，只会把蜂房弄得一团糟。

马克·吐温的猫和巴甫洛夫的狗

人有时就像马克·吐温的那只猫。那只猫被热火炉烫过之后，再也不愿意坐在火炉上了，不管火炉是热的还是冷的。

中学生物教科书上有关于巴甫洛夫联想的介绍，比如狗一听见铃声就开始流唾液。事实上，我们人类也具有类似的"巴甫洛夫联想"，或者说"条件反射"。日常生活中，"巴甫洛夫联想"是一个巨大的、强有力的心理力量。

广告从业者应感谢这只流口水的狗狗，是它揭示了条件反射原理。75%的商业广告是完全依赖巴甫洛夫理论在起作用。比如可口可乐公司的广告，他们把自己的产品与一切令人愉悦的景象联系起来：奥运会上的体育英雄、优美的音乐等。他们一定不会希望与葬礼相联系，哪怕是总统的葬礼。当你看到一个可口可乐广告，巴甫洛夫联想就启动了。

巴甫洛夫曾经把一些狗养在笼子里，这些狗在经过训练后，行为都发生了变化。有一次，圣彼得堡发了大水，水一直上涨，而这些狗仍被锁在笼子里，可想而知，它们遭受到了非常巨大的压力。洪水退去后，巴甫洛夫注意到这些狗曾经被训练出的个性发生了完全的逆转。

作为一个彻底的唯物主义者，巴甫洛夫的余生都用于让狗精神失常。也许在他看来，没有什么内在的人性不可改变，一切都是环境的产物。

害怕懊悔的鸵鸟

"鸵鸟心态"是一种逃避现实的心理，也是一种不敢面对问题的懦弱行为。人会因为害怕懊悔，而变成把头钻进沙子里的鸵鸟。

假设你是一位彩民，你每天只能花2块钱买一张彩票。半年来，你每天都只买同一组号码，可惜你一直没有中奖（这太正常了）。这时，好友建议你改买另一组号码，你会改

第三章 061
动物精神与决策偏差

变吗？

不用解释，你也知道原来那组号码与新的号码，中奖概率完全一样。

但你知道，可能面临两个懊悔。

第1种懊悔：不听劝，继续原来的号码，但是新号码中奖了，你的没中奖。

第2种懊悔：听人劝，改头新一组号码，原来那组号码偏偏中奖了，新号码却没中。

这两种懊悔，那一种带来的痛苦更强烈？

多数人会觉得第2种懊悔更为强烈，因为你已经对原来那组号码倾注了太多感情。

第1种懊悔，因为没有付出行动，我们叫它"忽视的懊悔"。

第2种懊悔，因为采取了行动，我们叫它"行动的懊悔"。

随大流的羊群

人是群体性动物，只有合作，才可以战胜丛林中的豺狼虎豹。

一群原始人，就算选择错误，但只要抱团儿，也要比独自选择正确的方向更为有利。身处集体当中的优势能够战胜孤军奋战的劣势。

　　一个人必须和他人共同生存，就算大多数人是愚昧无知的。倘若特立独行，你可能比较聪明，但也只能走向荒蛮。

　　人们骨子里需要一种非理性，需要"随大流"，有时候特立独行是没有价值的。所以，自负的疯子常常能够吸引追随者，内省的智者缺乏吸引力。

　　羊群是一种很散乱的组织，平时在一起也是盲目地左冲右撞，一旦头羊动起来，其他的羊也会不假思索地一哄而上，全然不顾前面可能有狼或者不远处有更好的草。因此，"羊群效应"就是比喻人都有一种从众心理，从众心理很容易导致盲从，而盲从往往会陷入骗局或遭到失败。财经类文章中，经常用"羊群效应"来描述经济个体的从众跟风心理。

　　市场走弱，你会依然恋战吗？市场处于底部区域，你会加仓吗？然而，在多数人一致看好时就撤退，或在多数人一致悲观时加仓，那需要多大的勇气？

　　懊悔规避和寻求自豪可以解释投资者的"羊群效应"。

　　人们随波逐流，是为了避免由于做出了一个错误的投资决定而后悔。

　　正所谓"天塌砸大家"，许多投资者认为，买一只大家都看好的股票比较容易，因为大家都看好它并且买了它，即使股价下跌也没什么。大家都错了，所以我错了也没什么！

如果固执己见，买了一只大家都不看好的股票，买入之后它就下跌了，自己就很难合理地解释当时买它的理由。

此外，基金经理人和股评家对名气大的上市公司股票情有独钟，主要原因也基于此，因为如果这些股票下跌，他们因为操作得不好而被解雇的可能性较小。

第四章

故事与奇幻思维

千百年来，也许数百万年来，人类彼此讲述着故事。他们围着篝火讲故事；他们在从一个小镇走到另一个小镇的旅途中，讲述每天发生的故事；他们通过电子设备，给另一些观众和听众讲故事。人类在不停地讲故事，是因为那些故事都是他们不得不去讲述的故事。

——罗杰·尚克

我们往往会低估这个世界的随机性与偶然性。

有一则故事，说的是一位西班牙全国彩票中奖者，当采访他有什么秘诀时，他说他有意选择了一张尾数为 4、9 的彩票，他解释道："我连着 7 个晚上梦见了数字 7，而 7 乘以 7 等于 49"。

即使一些我们知道是由偶然性决定的琐碎小事上，我们还是倾向于找出这些事件里存在的因果与规律。

合取谬误

大约 7 万年前，智人大脑在进化中的一次偶然的突变，使人类拥有了"虚构"的能力。人类迅速掌握了讲故事这一强大的虚构手段。

所以，人类的心智是按照记叙式思维来构造的，它把一系列具有内在逻辑和动态变化的事件，看作是一个统一的整体。

人们喜欢听故事，所以，会本能地相信带有起承转合性质，连续发生的多个事件，可能性要大于各独立事件。卡尼曼和特韦斯基将这种信念称为合取谬误。他们提供了另一个情境判断的例子来解释该现象。他们向大学生呈现如下情境。

约翰是一个看上去温文尔雅的人，四十来岁，已婚，并育有两个孩子。邻居们认为他有点诡秘。他在纽约拥有一家进出口公司，频繁穿梭于欧洲和远东地区。

P 先生曾因为走私钻石和稀有金属铀被判 6 个月监禁，缓期执行并罚处大笔罚金。目前，他正在接受警方的调查。

请根据发生概率的大小，对下列调查结果中的描述进行排序。请注意各种可能性描述，正确结果不止一个。用 1 代表最有可能的描述，2 代表其次可能，以此类推。

- 约翰是一个恋童癖；
- 约翰从事间谍活动，并出售机密文件；
- 约翰是一名吸毒者；
- 约翰杀害过一名雇员。

一组 86 名本科生对以上描述进行排序。另一组的 86 名学生则对另外一份描述进行排序，这份描述将最后一个句子替换为"约翰杀害过一名雇员，以阻止其报警"。

尽管事实上增加特定动机降低了事件发生的可能性，但是人们对联合事件（为阻止其报警而杀了他）的排序（平均可能性排序为 2.9）却高于对单纯的"谋杀事件"的排序（因任何可能的理由而杀害他，平均可能性排序为 3.17）。

假如我们一开始就知道约翰杀害了一名雇员，那么在"为了……而杀害一名雇员"的描述中则必须将"杀害一名雇员"与作为理由的"为了"区分开来。因为多个原因的联合看起来会比单个原因发生的概率更高。比如，对于一个人为什么感到非常寒冷，人们认为他身处零摄氏度以下的户外要比单纯的身处户外更为合理。

记忆的重构效应

记忆并不像录音带或录像带那样，可以真实地储存所有记录内容，以便今后可以复述。

小说家阿兰·罗伯·格里耶认为："记忆属于想象。人类的记忆并不像计算机那样记录所有的事情，它属于想象过程的一部分，有点类似于创造发明。"

事实上，回忆以一定的方式组织是为了便于理解现在，因此强化了我们关于过去如何决定现在的信念。

回忆的过程犹如考古，我们将所找到的记忆残片进行合理的拼合，补充缺失部分，从而恢复原貌，重构人的记忆。所以，人们关于复杂事件的记忆或多或少会有一个重构过程。

通常来说，是故事创造了记忆，而不是记忆创造了故事。

记忆会被一再重构，而记忆的重构会受到当下的态度、信念和可得到的信息的影响。美国华盛顿大学的心理学家伊丽莎白·洛夫特斯为了证明"记忆不可靠"这一观点，做了一系列实验，其中最著名的是"提问者暗示"实验和"超市走失"实验。

首先，洛夫特斯给被试者们看了一个交通事故的片段，然后让被试者们回忆看到的画面和细节。

在让被试者回忆时，洛夫特斯会采用不同的提问措辞进行暗示，而被试者则会受到这些措辞暗示的影响，给出完全不同的答案。

比如，在让被试者评估车速时，洛夫特斯用了"相撞""冲撞""撞碎"等词语来描述撞车，结果，被试者给出了差别很大的评估车速。

"超市走失"实验，挑选了不同年龄的兄弟姐妹，比如，在实验中，姐姐要告诉自己14岁的弟弟，他5岁时曾经在一家超级市场中走失过。这件事虽然确实是编造的，但是姐姐要把事情讲得像真的发生过一样，后来问起弟弟这件事时，他说好像记得确有其事，甚至补充了事情发生的细节，比如记得照顾自己的那个男人穿着格子衬衫。

总体而言，我们逐字逐句地编造了关于生活以及现实世界的故事，我们使记忆与故事之间相互吻合，这一点又强化了我们对它们的信任。

奇幻思维与控制错觉

时间已经进入21世纪20年代了，但我们的大脑是在史前时期形成的。世界发展很快，我们的大脑进化速度则很慢。

与偏爱预测相伴而生的，是我们大脑的奇幻思维。

牛顿的学说减少了大量的迷信，帕斯卡的学说解释了厄运，盘尼西林的发明延长了人类的寿命。但是，存在于我们大脑里的奇幻思维与偏见依然根深蒂固。

"奇幻思维"这个概念，是特韦斯基在 1992 年给出的：人们在行动时，错误地相信他们的行动会影响到结果，就像奇幻思维一样，但其实，他们并不相信这些，只是一种自我欺骗的意愿。

我们还受到偏见的影响。有时候，我们自以为在思考，其实只不过是在重组偏见而已。

很多运动员为提高成绩，有一套自己的古怪仪式。

大多数买彩票的群众，各自有一套守口如瓶的心灵秘学。

中国人对 8 的迷恋和欧美人对 13 的恐惧一样不可思议。

研究发现，我们常常会自然而然、无意识地将偶然的事件看作与技巧有关，从而认为它们是可控的，比如赌徒们想要掷出一个较大的数字时会更用力地掷骰子。这其实是一种"控制错觉"。

心理学家曾经做过这样一个实验：他们对一家保险公司的内部员工发放了一批彩票，员工们可以花上 1 美元的价格来购买一张彩票，这样就有机会中得百万美元的巨额奖励。彩票号码可以机选，也可由员工自己选择。等员工挑选完毕之后，心理学家们让公司开始和人员协商，希望可以购买他们手中的彩票。结果机选彩票的转让价是 1.6 美元，而自选彩票的转让价是 8.6 美元。当心理学家们调查自选彩票号码的员工为什么会提高转让价时，员工的回答是他们觉得自己选择的彩票中奖率会更高一些。这就说明了人们之所以会认为自己选择的彩票号码更容易中奖，是因为"控制错觉"在作祟。

人们通常会高估自己对事件的控制程度，而低估机运或不可控因素在事件发展过程及其结果上所扮演的角色。

2003 年，四名英国的行为金融学家，请四家投资银行的交易员玩一个计算机游戏，在这个游戏中，游戏者试图去影响一个虚拟的投资指数。

实际上，指数的变动完全独立于这些交易员的行动——指数是随机的，有一个微弱的增长趋势。这些交易员进行了四轮游戏，然后对自己在拉升指数方面所做的贡献进行评估——因为指数的变动与交易员的行为无关，因此这个问题测量的是个体的控制错觉。

平均来看，交易员们都陷入了这样的错觉中，他们均认为自己确实影响到了指数的变动。

更为有趣的是，交易员的控制错觉水平与其收益以及上司对其才能和绩效的评价呈负相关。

控制错觉程度更强的交易员的收益大大少于那些更切实

际的交易员（差异金额在 10 万美元的量级上），对所在银行的利润贡献更少，上司对他们在风险管理、分析能力和人际技能方面的评价也更低。

预测，有着永恒的魅力

古代东方哲学特别崇尚内心的宁静，为此他们的信徒宁愿放弃对世俗财富的追逐。

现代心理学有一个重要假设，那就是焦虑是一种心理疾病。经历漫长的进化，我们依然会对不确定的事物感到焦虑、煎熬。

我们需要安慰、需要保证、需要承诺。哪怕这个人是在撒谎。对于受煎熬的人来讲，他们是绝望中的稻草，寒夜里的星光。

明明知道算命多是骗人的，你还是会去找他们咨询。

明明知道他是个朝秦暮楚之徒，却还是希望听到他的承诺。

明明知道股评家大多是黑嘴，你还是忍不住想听他们放屁。

某种程度上，他们不是骗子，是心理医生。至于愿意为这种安全感买单多少，取决于你愿意为心理咨询师买单多少。

有句成语叫作"问道于盲",也就是向盲人问路。比喻求教于一无所知者,没有助益。

然而,悖谬的是,很多人深信,盲人更具有通灵能力。他们的话更具有启示价值。

湘西有位盲人,以算命准确著称。这位盲公,已经靠算命赚了不少钱,据说镇上一条街道的门脸房,全部都是他的资产。

有位朋友,是位出版社的编辑。妻子刚怀孕几个月,他就带着妻子慕名而去算命。

既然有求于人,自然要带不少礼物。大师很热情,卜算完前程后,还说要收下朋友的老婆做义女。朋友婉拒,因为他明白,做了大师的义女,是要用不少钱来表示"孝心"的。

当问及肚子里的孩子是男是女的时候,盲公说:"是龙凤胎!"

朋友表示不信,盲公坚定地又说了一次:"是龙凤胎!"

其实,在来算卦之前,这位编辑朋友已经让他老婆照了 B 超,确信无疑是男孩。但这位朋友最后还是恭恭敬敬地交了算命钱。

后来,我问他:"为什么当时不揭穿瞎子呢?"

朋友说:"在当时的情景下,谁好意思说这种大煞风景的话呢？"

我又问："说男，说女，都是 50% 概率。说龙凤胎，正确的可能性更是微乎其微！瞎子为什么要冒险呢？"

朋友回答："婉拒做他的义女，他已经感觉到没有太多油水可捞。冒险说是龙凤胎，固然说错的概率很大，但一旦蒙对了，给他带来的声望、效益将是非常可观的。"

财经作家彼得·伯恩斯坦说："预言，至多是一种冒险的活动，但有时它们会错得如此离谱，以至其唯一价值就是结局所带来的幽默感。"

股市是一个容易造神的地方，也是一个偶像速朽的地方。

股市永远只以成败论英雄，千辛万苦建立起来的赫赫声誉，可能在几个小时内输个一干二净。

一般而言，类似"大师"这种头衔只有一年的寿命，鲜有例外。

成为"大师"，或者把自己塑造成"大师"，至少会有一个好处，那就是"累积优势"，通俗地讲就是"马太效应"。

当一个人被神化，影响力必然扩大。

当一个预测者人气旺盛，追随者众多时，就能借力打力，影响其所推荐的股票走势。

某网络炒家的博客日点击量曾超过 150 万次，即使有

1/10 的读者选择他所推荐的股票，就意味着至少数亿元资金的购买力，在资金面足以推动该支股票价格上涨，而这又会为他带来更多的拥趸。

股市中那些盲目的预测者之所以会一直有市场，一个重要原因在于，很多投资者在股市里会感受到股票涨涨跌跌的煎熬，他们需要一种确定感，需要一种心理抚慰。

行为金融学家罗伯特·希勒曾指出了这种预测的荒谬："为争夺投资人，媒体上的股市明星，以狂轰滥炸的营销方式，肤浅地强调一些表象，给大众一种只涨不跌的错觉；然而，事实上，他们未必抓得住股市的脉动。"

"机会之魔"的纸牌

股票价格的起起伏伏，是否有规律可循？这始终是投资者最为关心、争议不休的话题。1953 年，一位叫作莫里斯·肯德尔的英国统计学家，对这一命题进行了研究。

1953 年，肯德尔在伦敦皇家统计学会发表了一次题目为《芝加哥商品市场上每周的小麦价格》的演说。

这个题目毫无疑问是枯燥而且乏味的。但肯德尔想探讨的是，人们能够在多大程度上根据历史数据来准确地预测未来的小麦价格。

　　肯德尔给出了一个让人意想不到的结论。他通过统计数据证明，在任何一天，小麦的价格都有可能上升或下跌，而不论过去的业绩或价格如何变化。

　　肯德尔表示，那些过去的数据提供不了任何方法来预测小麦价格的升跌。

　　人们根本不可能预测到小麦的价格，小麦的价格总处于毫无日的的变化中，仿佛"机会之魔"随意抽出的一张纸牌上的数字，然后将这个数字加到当前的价格中，由此来确定下周的价格。

　　肯德尔表示，这个原则也许同样适用于对股票价格的预测，股票价格的变化似乎是随机的。有些人认为他们能够对股票市场做出预测，他们可能是经纪人、顾问或基金经理，而在肯德尔看来，他们都在自欺欺人。

　　肯德尔的发现让大批的金融经济学家陷入窘境。有人认为他的言论给经济学带来了致命一击。肯德尔的结论似乎暗示着，股票市场是由不定的市场心理学主宰着，没有任何逻辑可言。一言以蔽之，市场的运行无理性。

　　然而，因为经济学本身就是一门研究事物可预测性的科学，万物都应是可预测的。经济学家们如果不想失业或转行，首要任务就要能够解释肯德尔的发现。

基金经理的诡计

行为经济学家马修·拉宾曾假设：如果你是一位投资者，你亲见一位基金经理在过去两年中的投资业绩好于平均情况。你是否就会得出这位经理要比一般经理优秀的结论？然而真实的统计意义非常微弱。

让我们来看一种传统忽悠伎俩。

某位基金经理，非常善于忽悠。

第一周他寄 10000 封信，预言甲股票的涨跌。其中 5000 条说涨，5000 条说跌。

第二周，这位基金经理向其中说对的 5000 人再寄一封信，其中 2500 条说乙股票涨，2500 条说乙股票跌。

第三周他再向说对的 2500 人发短信，其中 1250 条说丙股票会涨，1250 条说丙股票会跌。

最后有 1250 人发现这位基金经理连续 3 次说对了，简直太了不起了。其中有 500 人真的把钱交给他投资了。当然，如果赚钱是要分成的。

基金经理拿到钱后会做什么呢？他会给这 500 个不同的账户各买一只股票，尽量让这些股票各不相同。一段时间过后，股票有的涨、有的跌。

如果一个人的账户买了一只涨的股票，他对基金经理就会更加信赖，甚至会追加投资。

假如碰到一个大牛市，大部分时间里，大部分股票上涨概率大大超过下跌。因此，基金经理的这种模式是非常有"钱"途的。

假如来了个大熊市，大部分股票在大部分时间下跌超过上涨，基金经理也是不用负责。

多一些应对，少些预测

人类历史上充斥着末日预言。而人类早在数千年前就预测世界末日会到来。这些预言从不兑现，可是，它们依然有市场。

正如股市里预言地狱的"空军司令"或宣扬天堂的"多军司令"，他们的预言一个接一个地落空，追随者或"水军"立刻会找到各种理由为他们辩护。

曾有不少财经媒体邀我预测股市，但我实在无从预测，只能婉辞。算命如问路，就算因轻信而误入歧途，也只能愿赌服输。某些股评师是另一种算命师。

股市里充满了"黑嘴"，只有两招，第一是黑嘴，第二是坚持黑嘴。

甲先生以"多军司令"著称，多年来一直强调股市即将大涨。乙先生则完全相反，天天诅咒崩盘。如果一个人一直坚持看多或看空，从 20 岁直到他死去，总有一次会是对的。仿佛猜硬币，坚持猜出正面或反面，只要掷硬币的次数够多，总有蒙对的时候。

股市里的各种专家，预测错，很正常。预测对了，那简直就是神迹，会被反复念叨。

金岩石博士被海内外媒体誉为"索罗斯的中国门徒""纳斯达克市场的活字典"。三年来预测准确率只有 27%。当媒体问及此事，金博士笑答："27% 已经很靠谱了。"反倒是学历史的叶檀女士，虽然几乎不炒股，连续三年的预测命中率达到了 44%。

持有赔钱货，卖出绩优股

行为金融学家谢夫林则指出，人们持有赔钱货，卖出绩优股的行为，其实也和奇幻思维有关。这种奇幻思维，源于人们追求自豪、厌恶懊悔的心理机制。

一般人会有这样的逻辑：卖掉赔钱货，会造成该股票已经赔钱的事实，承认当初的选择是错误的，会带来懊悔。再等一等，也许会变成赚钱的股票呢！至于绩优股呢？也许它还会上涨很多，尽管卖出的时机过早了，但"小赚也是赚"，这会激发一种决策正确的自豪感，而没有懊悔的感觉。

懊悔规避

什么是懊悔呢？举个例子——

每一天，张三都走同一条路回家。

后来某一天，张三突发奇想，选择另一条路回家，结果被一只狗咬了，这时张三什么感觉？

假如，张三是在以前每天都走的老路上被狗咬了呢？

两相比较，因为改变而产生的那部分额外的挫折感就叫懊悔。

短线变长线

金融界有句名言：让蹩脚的交易员放弃头寸，比让他们离婚还难！

人就是善于自欺的动物，当手里的股票变成赔钱货的时候，拒绝接受现实，壮士断腕。这时他们常常摇身一变，自称"长线投资人"。

托尔斯泰说："幸福的家庭总是相似的，不幸的家庭各有各的不幸。"

投资何尝不是如此？

赢家的际遇各不相同，输家的心态却如出一辙。通过懊悔理论和前景理论可以推导出投资失败者的一般心路历程：因贪婪而投资，因亏损而惜售，因希望而等待，因小利而放弃。

如此往复，钱越变越少，不变的只有行为方式。

选择性耳聋

追求自豪、厌恶懊悔的心态会导致"选择性耳聋"。因为过分追求自我肯定，我们只会考虑与现有评估相符的信息，而忽视或刻意回避相悖的信息。

当出现全新和令人不安的真相时，就会发生认知失谐的情况，并可能对投资决策程序造成诸多影响，导致"选择性耳聋"。

人们还倾向于把过去的成功归功于自己的能力，而把失败归罪于外界因素。当市场走势与投资者的私人信息一致时，投资者的信心将会膨胀；而当市场走势与投资者的私人信息矛盾时，投资者的信心并不是等量地减少，因为他们倾向于将这种结果归因于客观原因。

花拉子模信使综合征

中亚古国花拉子模（又被写作"花剌子模"，语意为"太阳土地"）的君王有一种怪脾气，他会把带来坏消息的信使统统处死。

不要以为这种情况已经绝迹了。我们都容易患上"花拉子模信使综合征"。

CBS曾经是一家了不起的巨型公司，公司的前主席比尔·佩利在他人生的最后 20 年，不听任何一个他不想听的消息。人们知道，如果报信人带给比尔·佩利的是他不想听到的消息，这个信使就要倒霉了。这意味着领导者们把自己封闭在了非现实里，使他做出了一些愚不可及的决策。

有一位女士的儿子，有着超级健将体格、超好的学习成绩，他从北大西洋的一艘航空母舰上驾机起飞后，就再也没有回来过。他的母亲，虽然是一位心智健全的女子，但从不相信他已经死了。

打开电视机，我们会发现，那些罪行显而易见的犯罪分子的母亲们，也从来都认为自己的儿子是无辜的。这就是简单的心理否定。

有时，真相太残酷了，让人难以承受。所以，我们就扭曲它，将之变得可以被承受。我们在某种程度上会这么做。这是一种造成可怕问题的常见心理误判。

在投资者中间，"花拉子模信使综合征"的病号到处都是。

第五章
投资中的心理迷障

投资靠的是大脑，而不是腺体。

——沃伦·巴菲特

圣哲苏格拉底曾言：未经反省的人生是不值得活的。我们脑海中的诸多幻象，有些后天习得，有些根本就是与生俱来。一致性、成见、解释的冲动、自相矛盾……存在于我们的大脑，这需要吾辈"每日三省吾身"，从而破除执念，跨越迷障。

升级你的心智

柏拉图的学说对西方文化影响深远，他有一个著名的比喻，至今仍影响深远。

柏拉图把意识比作由两匹马拉着的马车。理性是车夫，它手持缰绳，决定马往哪个方向跑。其中一匹是温良的大白马，表现很好。但另外一匹马是个贱种，是匹粗野的小黑马，从不听话，向胡萝卜和大棒屈服。车夫的任务就是让黑马不要撒野，让两匹马齐头并进。如果马不听话，车夫只需挥动鞭子，就能重新驾驭它们。

柏拉图自始至终都将意识分成理性和感性两种，而整个西方文化都蕴含这一思想。

如今，行为经济学家对人类心智模式的研究，已经远远超越了柏拉图的比喻。

从农业时代到工业时代，不过才几百年。

不用穿越到过去求证，与漫长的宇宙历史相比，从史前时代到如今，不过是很短的一段时间而已。

现代人的大脑和原始人比起来，并没有太大的进步。如果说原始人大脑是 1.0 版本的，我们的大脑至多不过是 2.0 版本的，而现实世界至少已经是 3.0 版本了。

我们人类大脑"原装"的思维方式经常导致怪诞的行为，需要通过"升级"和"打补丁"来完善。

盲从权威

有两个飞机驾驶员，一正一副，正驾驶员架龄长，经验丰富，是一个权威人物。副驾驶员已经被训练了很长一段时间，他的职责就是防止坠机。

那个正驾驶员做了一些连白痴都能看出来足以导致坠机的操作。但副驾驶员只是安静地坐在那儿，因为正驾驶是权威角色。

别担心，他们没有坐在飞机里，他们只是在做实验。还好，这只是个心理实验。他们只是在模拟状态完成了这个实验。实验的统计结果是，25% 的情况下，飞机都会坠毁。

米尔格兰姆是一位杰出的心理学家，曾做过一个闻名于世的心理学实验。

在这个实验中，有一个扮演权威的人，他告诉被实验对象，他们必须对完全无辜的人持续施予电击。令人惊讶的是，即使被实验者开始变得紧张与动摇，当他们被命令施予最大电击的时候，还是有超过 2/3 的人会照做。

米尔格兰姆的这个电击实验非常有名，以至于每一本入门级的心理学教科书中都有收录，而且成为对流行文化产生重大影响的少数行为研究之一。

一致性倾向

20 世纪 60 年代中期。美国心理学家乔纳森·弗雷德曼等人做了一组研究。

首先，他让研究人员假扮成义工，在加州的一个居民区内挨家挨户地向居民们提出一个荒唐的请求：希望这些居民允许他们将一块公共广告牌竖在他们门前的草坪上。为了让这些居民了解广告牌竖起来之后会是什么样子，他们给居民们看了一张照片。在这张照片上，一栋漂亮的房子几乎被一块很大的广告牌遮得严严实实，广告牌上歪歪扭扭地写着几个字"小心驾驶"。可想而知，这一地区 83％ 的居民拒绝了这个要求。

同时，另一组实验也在进行。不可思议的是，另一个社区的居民对此提议赞同，他们当中有 76％ 的人同意将他们门前的草坪贡献出来。这些人之所以会如此慷慨，是因为在此两个星期之前，另一个"义工"登门拜访，请他们接受并设法展示一块 3 英寸见方的小牌子，上面写着"做安全司机"。这个请求实在不算什么，所以几乎所有的人都答应了。但这个请求所产生的效果是惊人的。就因为两个星期之前他们不经意地答应了一个微不足道的安全驾驶的要求，致使两个星期之后他们轻易地答应了竖起一块超大广告牌的请求。

乔纳森·弗雷德曼的研究并没有就此结束。他们又在另一社区的居民身上做了一个大同小异的实验。他们首先请这些居民在一份名为"让加州保持它的美丽"的请愿书上签名。当然几乎每一个人都签了名，因为一个州的美丽，就像高效率的政府或健全的产前保健员一样，几乎是没有任何人会反对的问题。半个月后，弗雷德曼又派了一个新的"义工"去这些居民家里，要求把那块巨大的"安全驾驶"的牌子竖到他们门前的草坪上。

这一组实验的结果令他们始料不及，居然有将近 50% 的人答应了这个请求。尽管两个星期之前他们做出的承诺并不是关于交通安全，而是关于另一个公益事业主题——美化环境的。

这个结果，就连弗雷德曼本人都始料未及。为什么一个签名支持美化环境的不起眼的行为会使人们答应另一个完全不同而且分量重得多的请求呢？在考虑并排除了其他很多原因之后，弗雷德曼认为：这些人在美化环境的请愿书上签了名之后，就改变了自己的看法，他们觉得自己成了按市民公约办事、急公好义的人。两个星期之后，当有人要求他们为公益事业做另一件事儿，也就是展示这块"安全驾驶"的大牌子时，为了使自己的行为和刚刚形成的自我形象相吻合，他们立刻答应了这个请求。

　　这其实是人类行为学中"一致性原理"在起作用：一旦我们做出了某个决定或选择了某种立场，就会面对来自个人和外部的压力并迫使我们的言行与它保持一致。

　　人们总是本能地寻求平衡、和谐、相同、没有冲突和可预见性，行为学上把这种需求称为一致性倾向。

　　因为任何不一致都会被人们视为心理上的不适。换句话说，不一致会使人产生心理紧张，就像口渴和饥饿一样。在这种情况下，一个人便会寻找可预见性和一致性，以便减轻这种紧张。

　　在投资过程中，要认清"一致性倾向"的误判心理。例如，如果持有的个股上升到超出合理区间的上限时，由于长期的持有，避免"不一致倾向"会加深对个股前景的看好并上调其合理区间；当等待买入的个股下跌到设定的目标位时，由于长期的等待，避免"不一致倾向"会调低止损点。这时，对于投资者就是相当危险的了。

坦然接受不一致性

　　选择一项事物的前后，对其可能性的估计产生变化，起源于心理学上的一致性。西奥蒂尼的《影响力》中，有段话颇值得玩味：

一旦我们做了一个决定或者选择一个立场，就发自内心或者是外来的压力迫使我们与此保持一致。而根据这个，我们可以看到人们一旦选择一个立场，其实就是一个承诺，必须遵守，甚至损害自己的利益也干。

索罗斯最懂得如何摆脱承诺和一致性的束缚。他四处声称自己不可能无懈可击，所以对自己出尔反尔不以为耻。

对付随机性，他使自己的头脑保持批判性的开放，但正因为他有这种自知，才有更大的能量。

反差导致的误判

心理学家曾做过一个反差实验：拿三桶水，一桶热水，一桶冷水，一桶常温水。让一个被试者把左手放入热水中，右手放入冷水中，然后再把两只手同时放入常温的水中。当然，一只手感觉很热，另一只感觉很冷。这是因为人的感觉器官在强烈的反差之下被过度影响了。没有绝对温标，只有相对温度，甚至有量子效应在其中。

传统经济学的偏好理论假设，人的选择与参照点无关。近年来兴起的行为经济学则证实，人们的偏好会受到单独评判、联合评判、交替对比等因素的影响。

我们对得与失的判断，是来自比较。

有句俏皮话说，如果你比你小姨子的老公一年多赚1万块钱，你就是有钱人了。抚养过兄弟姐妹，或者与人合伙创业过的人，会对这个"同侪悖论"有所了解。

巴菲特常说："不是贪婪，而是忌妒推动着世界前进。"

忽略机会成本

机会成本，是指为了得到某种东西而所要放弃另一些东西的最大价值。

我们总是能遇到自己所喜欢的事物，但无形中要付出很高的机会成本，我们容易忽略。

每件事都有机会成本，教授们做了件很有害的事：他们只能告诉你某个经济活动中第一年的机会成本是多少而不是整个经济活动的机会成本是多少。生活中，如果机会 A 比机会 B 好，而你只能选择一个，你会挑 A。但世上没有放之四海而皆准的真理。如果你确实聪明，也有运气，可能有机会成长为伯克希尔。

与机会成本相对应，沉没成本的误区。所谓沉没成本，系指没有希望捞回的成本，又叫非攸关成本。追加投入再多，都无法改变大势。

比如，你买了一本平庸的作品。在阅读的过程中，你感觉很乏味，你是忍受着看完呢，还是把书扔掉去做别的事情？

如果你坚持读完，等于在看一本坏书的时候又损失了看一本好书的时间。

如果你是理性的，那就不该在做决策时考虑沉没成本，立刻扔掉它，去做更有意义的事情。

你在某件事上花费了许多心血、努力和资金孤注一掷，倾注的心血越多，"一致性倾向"就愈加会激发你如此思考："现在应该可以了吧，如果我再加把力，说不定马上就会见成效。"

这时"损失过敏症状"出现了——如果再不努力一把，所有的心血都将化为乌有。人们就是这样崩溃的——他们停不下来，不会重新反思一下，对自己说："我能够推倒重来。既然它搅得我心神不宁，还不如趁早放手。"

在投资中，设定一个止损点（输钱的上限），可为你在失败的时候，留下一个容许自己反思错误的空间。

改革总是危机驱动

改革有两种可能，第一是成功，第二是失败。

改得比以前好，这是一种"获得"，公众内心的满意度并不会太强烈，甚至会认为这是理所应当的。

改得还不如以前，这是一种"损失"，老百姓内心的不满会变得很强烈，极端情况下甚至会激起民变。

老子出身于没落贵族之家，他是古代的"帝王师"，也就是现代的经济学家。老子认为，"治大国若烹小鲜"。对于公共政策，他给出的建议是"食鱼勿翻"——一项政策只要还能凑合，就先凑合着，不要变来变去，折腾老百姓。

当然，"食鱼勿翻"，不是不翻，而是不要勤翻。当鱼必须翻的时候，一定要去翻。所以，"摸着石头过河"也反映了一种传统智慧。

1978 年，小岗村一帮饥饿村民，按手印签下生死文书，把集体土地"私分"了，所产的粮食在交够国家之后，剩余的粮食居然还能养活一家人。家庭联产承包责任制从此在全国推广开来。这其实也是一种"反射效应"，是被饥饿逼出来的生死抉择。

"反射效应"也可以解释，制度变革为什么多是"危机驱动"，而不是"利益驱动"。

思维，快与慢

某天，卡尼曼教授和你不期而遇。他出了一道题考考你，要你在 10 秒内给出答案。

一支球棒和一颗球合计要价 1.1 美元。球棒比球贵 1 美元，请问这颗球要多少钱？

你可能马上回答："0.1 美元。"

卡尼曼说：恭喜你，你跟超过五成的哈佛、麻省名校高才生一样，都答错了。正确答案是，0.05 美元。

这个小测验印证了他的推论：多数人都懒得动脑，习惯相信直觉给出快速答案，因而也容易被直觉误导，贵 1 美元并非价值 1 美元，犯下错误。

人类心智的运作方式，主要通过两种不同的思维系统，交互运作而产生。

系统 1：自动的、快速的、基本直觉式的思考。

比如，有经验的导演，会在现场即兴改动剧本；有经验的演员，也会按照导演的要求，尽快入戏。学会游泳的人，不会去计算怎么蹬腿使得自己浮起来，却能用最省力优美的方式游动。这些，都需要直觉思维。

直觉思维是我们最常使用的思考方式。我们平常所做的大部分事，因为经常重复，已经是变得很熟练的活动。比如我问你，3 乘以 7 等于几，你会毫不犹豫地回答是 21。但如果问你 21 乘以 31 等于几，这个时候，回答就没那么快速了，因为你得花工夫去计算，这就进入了另一套思维系统。

系统2：慢、比较费力、讲究逻辑，能够控制和纠正我们的行为思考。

人们通常认为，主导我们思维的是系统2，其实，大部分情况下，主导我们的都是系统1的直觉。

游泳、开车、走路、聊天，这些日常活动都已经很熟练，所以可以靠直觉自动运作，甚至可以不经大脑。

人类日常生活里，最主要的思考运作，包括即时的反应、联想或情绪等，都是系统1在处理，系统2比较少派上用场。但是，遇到真正重大的决策，我们或许应该慢下来，启用系统2的思维。

直觉的优势与劣势

人的大脑并存着快与慢两套决策系统，它们各有优劣。

一些问题，如果无暇去深思熟虑，依赖直觉可能会比生硬的理性分析效果更好。

用行为经济学的观点来看，人的意志是有限的。如果所有的事情都经过缜密的逻辑思维，大脑不仅处理信息的速度跟不上，可能最终也将因不堪重负而"死机"。

直觉是一种必要的思维机制，它走的是一种捷径。

当你遇见一个亿万富翁，富翁拿出他的存折给你看："我在瑞士的账户上存了一个亿。"不用一秒，你就晓得不对劲儿。富翁何必要拿着存折到处证明自己的钱多？人脑在瞬间就做出"不对头"的反应，这就是直觉的神奇之处。

但是，我们没有理由去期待和相信，问题越重要，直觉反应的能力越高。对于一些关键问题，我们还是要调用逻辑思维。

有人曾在欧洲做过一项调查，先问第一组受访者：你愿意付多少钱，买一份 10 万欧元、不问原因的死亡保险？然后又问第二组：你愿意付多少钱，买一份 10 万欧元、恐怖主义袭击造成的死亡保险？

调查结果是：人们对于第二组愿意付出的保费，竟然远比第一组更多。

通过简单的推理就可以知道，第一组覆盖的理赔范围更广。但欧洲人已经被恐怖主义搞得如同惊弓之鸟，更加执着于后者。而我们的大脑，在调用记忆的存储时，是鲜明的记忆优先。这就是直觉思维荒谬的一面。

直觉与爱情

直觉在择偶时候，起到的作用异常强大，有些人在初次见面就能凭直觉断定对方就是"我要找的人"。

从进化心理学的角度来看，人类恋爱的本质就是性欲，是为了繁衍，以保持物种的延续。

我们审美本能和几十万年前的祖先并无本质区别。男性之所以会喜欢外表有魅力且年轻的女性，是为了留下健康、优秀的后代。温柔、开朗的性格，表示容易接近。乳房饱满，所以乳汁丰盛。臀部宽大，所以利于生养。光洁的皮肤，亮泽的头发，亦作如是观。在女性看来，鼻子大、宽肩、窄臀、长腿的男人更性感，都是具有生殖能力标志。

男性精子很多，又无须"十月怀胎"，所以男人更趋向于处处留情。女性的矜持，未必全是假装正经。因为女性的卵子量很少。妊娠又是个漫长的过程，会给女性身心造成很大负担，所以大多数女性要认真挑一挑。女人的矜持，是为了找到更好的下一个对象留有余地。一般而言，女性更喜欢经济宽裕、生活稳定又年长的男性。

用进化心理学来解释爱情，难免会堕入有理却无趣的境地。所以，就此打住吧。

互惠导致的误判

所谓互惠就是，我们认为应该尽量以相同的方式回报他

　　——行为金融与投资心理学

人为我们所做的一切。

　　心理学家西奥蒂尼称为"顺从参与者"的那类人，很容易上当受骗。

　　想想吧，邪教是怎样通过慷慨的"分享"一步一步诱人上钩的？一些推销员是怎样通过赠品让你改变最初的决定，买下自己根本不需要的东西的？

　　拒绝或退让是互惠原理的一个变种。

　　心理学家西奥蒂尼跑到一个校园里，请人们带少年犯去动物园，平均每六个人中有一个答应了他的请求。

　　在他积累了一些数据之后。在同一个校园，他又询问其他人："喂，你愿意在一周里牺牲两个下午陪一个少年犯到什么地方转转？"结果，100% 的受访者都拒绝了他。但在问了这个问题后，他退了一步接着问道："那你至少能抽出一个下午陪少年犯去动物园吗？"至少有一半人同意了。采用了这种"先要很多再让步"的策略后，他的成功率是以前的三倍。

　　假设你想要我同意你的某个请求，一个可以增加你的胜算的办法就是先提出一个比较大的，我极可能会拒绝的请求。然后，在我拒绝了这个请求之后，你再提出那个小一些的、你真正感兴趣的请求。

　　如果真的存在所谓的心理操控术的话，"互惠倾向"是一个最重要的原理——一个人会因"感恩图报"而按照其他人对他的期望来行动。

感恩图报是种美德，这是互惠原理的基础。它可以用来建设更美好的社会，有时候也会被坏人利用。无论如何，"互惠倾向"是一个非常非常强有力的现象。

偏见的形成

偏见，说到底，是大脑处理信息所采取的一种方式。

大脑不能在每一种新环境下仅凭片段就开动，它必须建立在从前所收到过的信息基础上。

所以，偏见并不是从本质上就有害的。它为大脑不断地理解周围复杂的环境提供了捷径。

看到老年人用电脑上网，马上联想到他们可能需要帮助；看到一个人头大脖子粗，就会联想到大款或者伙夫。

但是，因为偏见给我们提供了对某一群体成员特定的预期，它也可能对我们的认识与行为有不利的影响。

这种认同偏见背后的心理因素，对我们的决策有着重大的影响。因此，当我们面对两种抉择的时候，最好采用富兰克林的方法，拿出一张纸，将它分成两栏，把一件事的利弊分别写下来，左边表示肯定建议，右边表示否定建议，如果这个决定还有时间来做最后选择，可以在接下来的时间里把你能想到的关于两种抉择的利弊，分别再补充进去，到最后时刻你可以一一分析利弊，进行最后的选择。

媒体热点与投资偏见

泰勒在接受媒体访问时，曾举过一个例子："在美国，有一个非常经典的例子就是，如果你问别人，是自杀比较普遍还是他杀比较普遍？人们会说他杀更普遍。但是事实上，在很多州，自杀更为多见。造成偏见的原因，正是媒体的作用，因为谋杀在报纸上出现得更多。"

飞机失事是一个小概率事件，搭乘飞机甚至比走路还要安全。然而，一次飞机失事就会引来全球媒体的关注，足以令很多的人产生"飞行恐惧症"。

其实，走在路上飞来横祸的也不计其数，每天死在车祸上的人成千上万，却鲜有人患了"走路恐惧症"或者"公交车恐惧症"。

股市中也是如此，热点题材往往是股民热衷追逐的目标，却往往忽略了更有价值的投资选项。

康乃尔大学营销学教授爱德华·拉索，曾与同事一起，向一群学生做了这个实验——

以下是旅游指南介绍的两家餐厅，你觉得哪一家更具有吸引力：

A 餐厅是本地区少有的几家高档餐厅之一，装饰豪华且罗曼蒂克，有木质雕刻的天花板、大理石镶嵌的壁炉，墙上还挂着名家书画，桌上烛光闪闪。餐点包括马沙拉白酒小牛肉、小圆菲力牛排。一切美味应有尽有，服务一流。

B 餐厅是本地区享誉海内的名店，善于为客人提供各种用餐时的高级享受。餐厅设计典雅、大方。餐点以海鲜和小牛肉为主，但也有美味的糕点和禽类菜肴。主菜包括纽堡酱料龙虾、马德拉白酒小牛肉、威尔顿牛排等。

大部分学生认为，这两家餐厅几乎半斤八两，没有太大的差别。这也正是拉索等所要的效果，因为这个题目是他们精心设计的，目的就是要让这两家餐厅看起来差不多。

接下来，拉索等人向另一群学生提出同样的问题，只不过对提问的方式做了一些变化。

他们不是将对这两家餐厅的描述一下了讲出来，而是一次透露一项类似的特色，像是 A 餐厅的小圆菲力牛排对 B 餐厅的威尔顿牛排。每提供一项资料，他们就要求学生表明他们的偏好。等这些学生得到所有的信息，再要求他们做最后的选择。

　　这次就不同了，这群学生看出了两家餐厅之间的差异，因而轻易地选出了他们喜欢的餐厅。

　　学生最后选择哪一家餐厅并不重要，问题的关键在于，他们在听到第一项特色后，就觉得自己已经喜欢上了这一家餐厅，最后也据此做出决定。事实上，在听到第一项特色就偏向 A 餐厅或者 B 餐厅的学生，最后有 84% 的人还是选择了这家餐厅。

　　为什么第一组学生感觉两家餐厅半斤八两，第二组学生却能够看出很大的不同呢？

　　重点在于偏见，拉索等人将这种现象称为"偏好偏见"。

　　人一旦形成了某种偏好，即使只是一个小小的感觉，他们也很容易将新出现的信息，看成支持他们的偏好。任何新信息如果不符合既有的观点和感觉，他们通常不予理会。

　　所以，当某个学生决定他喜欢威尔顿牛排更甚于小圆菲力牛排，他就会觉得后来出现的特色，都支持他对 B 餐厅的偏好。B 餐厅即使有任何特色不如 A 餐厅，这对他来说并不重要。他可能会这样想："不错，我是比较喜欢浪漫的餐厅，不过我是到那里吃饭，而不是去谈情说爱。"

利用偏见：安慰剂效应

心理预期会改变我们对经验的感知与了解，行为经济学家发现，非处方药品的价格与疗效有着非常明显的关系。

比如，一个最近备受疼痛折磨的人，他吃 20 元 10 片装的阿司匹林，和吃 2 元钱 10 片装的阿司匹林，效果会有明显不同。

人们受疼痛折磨越多，对止痛药品的依赖也越大，这种关联感也就越强烈：价格越低他们感觉受益就越少。

病人宁愿相信，一分钱一分货，你付多少钱，就有多大疗效，价格能够改变体验。

人类使用安慰剂的历史已相当悠久。现代人看来鬼扯的东西，古代却很盛行。越是难搞的东西越是疗效神奇：比如成对的蟋蟀、木乃伊的粉末、西班牙苍蝇之类，病人满怀希望地吃下去，最后，多数病人病情缓解了，一些病人康复了，有的甚至平安地渡过了诸如鼠疫、猩红热等"鬼门关"。

第六章

楼市是一面扭曲的镜子

作为一个研究人类行为的学者，我一直认为，一个合格的投资客应该能够预测人们会把手中的钱投向何方。

——伯纳德·巴鲁克

投机市场中激荡着非理性的情绪，这让投资者看到的景象，犹如哈哈镜中的景象一样，似真似幻，扭曲变形。正如大投机家安德烈·科斯托兰尼所言："股市是一面扭曲的镜子，可以从中窥见世界的影子，只有经验丰富的投机客，才能辨认其中的影像，并理解其中的含意。"

与股市类似，在房地产市场，投机客由于自己的无知而获利并不罕见。正如炒股，在疯涨的牛市里，人人都是股神，知识是多余的，经验反而是一种障碍，这种事已经不奇怪了。

　　然而，投机客通常所经历的是暂时的利润和最终的亏损。

　　货币幻觉和财富幻觉，是两个重要的行为金融学概念，也是很多投机客最终亏损的根源。

　　房地产市场具有类似股市的特质，很多异象传统经济学、金融学无法加以解释。

　　比如房价上涨，远远超出了居民的收入，得不到经济基本面的支持；股价一再飙涨，严重脱离公司价值面。

　　行为金融学里的"货币幻觉"等概念，则可以做出比较好的解释。

货币幻觉

　　"货币幻觉"是指人们只是对货币的名义价值做出反应，而忽视其实际购买力变化的一种心理错觉。

　　某些长期保险合同，就是利用了货币幻觉，保单持有人会更倾向于关心保险赔付或给付货币的名义价格，而不是保险赔付或给付货币的实际价值（实际购买力），致使保险保障的实际价值被通胀逐年蚕食而不受关注。

　　"货币幻觉"这个概念，是美国经济学家欧文·费雪[1]在

───────────

[1] 1929年，与J.A熊彼特等发起并成立计量经济学会，1931～1933年任该学会会长。费雪对经济学的主要贡献是在货币理论方面阐明了利率如何决定和物价为何由货币数量来决定，其中尤以贸易方程式（也作费雪方程式）为当代货币主义者所推崇。

1928 年提出的。1928 年费雪出版了名为《货币幻觉》的专著，揭示人们没有意识到通胀而存在货币幻觉的错误。

有货币错觉的人在工资加倍，物价上涨也加倍，而使其在实际工资保持不变的情况下，仍有富裕了的感觉。

德国波恩大学的阿敏·法克教授，通过一系列实验，检验了不同薪水和不同物价对人类消费行为的影响。

18 名被试的志愿者，被要求在电脑上执行一系列智力任务来获得他们的"薪水"。

薪水被分成两个标准，标准较高的薪水比较低的薪水多50%。他们可以在两类目录中选择商品并购买商品。两种目录除一种比另一种便宜 50% 之外其余相同。

不管获得薪水如何，这些志愿者的实际购买能力仍是一样。但对受试者的大脑扫描发现，在获得高薪想法的刺激下，大脑的奖赏中心更活跃。

■欧文·费雪[1]（Irving Fisher，1867–1947）美国经济学家、数学家。

法克教授说："这一结论意味着奖赏所引发的大脑的活跃程度通常随收入增加，而且在薪水和物价都增加 50% 的时候，奖赏活性明显增加，这显然支持前额叶活性受货币幻觉支配的假设。"

从直观来看，货币幻觉暗示收入增加是一种价值的肯定，即使物价上涨的幅度与薪水上调幅度相同，而真正的购买力保持不变。经济学家对货币幻觉的这一概念一直表示怀疑，但是，新行为证据已改变了这一看法。

一个绝对理性的人是不应该有货币幻觉的，但在实际生活中，由于各种合同以及财务核算均是以货币的名义价格计量的，在持续性、低通胀的环境下，经济人出现只关心货币名义数量而忽视实际价值的货币幻觉是常见的。

货币幻觉是对通货膨胀风险不知不觉或后知后觉。凯恩斯就认为人们对货币幻觉的免疫是脆弱的，所以他在解释收入分配时假设工人不会谈判工资增长以抵消通胀。费雪和凯恩斯都把货币幻觉称为"天真的信仰"。

财富幻觉

财富幻觉是指人们高估自己的借贷能力或波动性的预期收入，而出现比以前更富裕了的感觉，由此产生过度消费的冲动，并在实际生活中增加支出。

人类对未来总是满怀预期，但未来本质上是不可知的，充满了不确定性。

房地产具有居住和投资的双重属性，当房屋被用于投资时，房屋具有虚拟性质。房屋的预期价值就是"影子财富"，当预期房价进一步上升时，投资者的这种财富就增加。但只有将房屋变现后，才能得到实际上的财富。

影子财富与实际财富的差额称作"财富幻觉"。人们往往根据名义货币额的增加而增加消费支出，这就是典型的财富幻觉。

消费者的消费支出，不仅仅取决于劳动收入水平或一般物价水平，还取决于对资产增值的预期。

钞票、股票和房子是居民最重要的三种资产，而房地产总爱扮演"造梦"和"盗梦"角色。

20 世纪末，日本 GDP 一度接近美国，贡献最大的就是房地产。随后，日本人甚至发出了买下美国的豪言壮语。1989年，日本国内股票市场和房地产市场泡沫达到顶峰，日本人的财富随之大幅度增长。同时，日本的房地产价格非常高，使美国、欧洲等世界各国的不动产的价格在日本眼里显得非常便宜。于是，日本把大把大把的钱用于在美国和世界各国大

量购买房地产。日本三菱地产公司更是收购洛克菲勒中心 80%
股权。

在财富幻觉中，日本人将工业制造所获得的利润，投入
到大量的物业，泡沫最后随着日元的升值，出口利润的减少，
以及流动性的紧缩而归于寂灭，日本经济进入衰退。

因此，房地产资产增值的预期越高，则影子财富或财富
幻觉就越多，当期消费支出就越多，消费的增加刺激需求的增
长，房价上涨的预期进一步增强。

反之，在经济萧条时，房价预期下跌，居民的影子财富
缩水。由于财富幻觉的作用，居民消费支出减少，消费的减少
导致经济的进一步衰退，房价下跌的预期进一步增强。

同样的方法可以用来分析房地产价格降低引起的财富缩
水的幻觉导致的消费减少。房价的降低通过财富幻觉引起消费
降低。

楼市只涨不跌的神话

世界上没有只涨不跌的商品，房地产也是。

20 世纪 90 年代，香港房地产泡沫破灭。

在美国，21 世纪初就发生过一次住房价格的巨大泡沫破
灭——次贷危机。

在中国，也曾经经历过一些局部的房地产市场泡沫，但人们似乎并未从前泡沫中吸取任何教训。谢国忠认为，很多香港人的不幸都可以归因于对房地产的痴迷。可能有人会认为，在 1997 年房地产崩盘之后，香港人会像日本人一样摆脱对房地产的痴迷。可事实完全不是这样。

信心乘数、作弊、货币幻觉以及都市传说，依然在房地产市场中发挥巨大的精神作用。

"你不能再给香港的房价一个价格标签，"香港一名房地产行业老手说，"它就像一个宋朝的花瓶，或是毕加索的画作。我们有 13 亿内地人想要来收集。你怎么能给它贴上价格标签？"

阿克洛夫和希勒教授在《动物本能》一书中这样写道：

很多人似乎都有一种强烈的直觉，无论什么地方的房价都只涨不跌。他们似乎真的确信这一点，因此对持有不同意见的经济学家的观点充耳不闻。如果要他们拿出论据来，他们通常会说，因为土地只有这么一点，房地产的价格一定会持续上涨。人口压力和经济增长不可避免地会强劲地推高房地产价格。

人们并不总是认为房价只涨不跌，尤其是在房价连续数年或数十年没有上涨的时候。虽然土地面积固定、人口和经济

都在增长的故事长期以来一直很有吸引力，但只有在房价迅速
上涨时才引人注目。

房价只涨不跌论调的吸引力在于，它往往伴随着房地产
繁荣的故事，被人们口口相传，为房价暴涨推波助澜。在房地
产市场繁荣时期，房价只涨不跌论广为流传，并且被它背后的
直觉进　步放大。

楼价只涨不跌不是神话，而是一种人为制造出来的繁荣。

在某些城市，"背房游戏"曾经是一种隐蔽的作弊游戏。
商品住房的按揭，房地产开发商、炒房者将大量的资金从银行
套出，从而成为它们的合理利润。

几年前，A先生买进一套100万元的房子，找了个老实巴
交的乡下穷亲戚B，给他点好处，借B的身份证来"背房"。
也就是以150万元的价格，名义上卖给B。以上涨50％为例。

房主	总房价/万元	首付/万元	银行贷款/万元	房价上涨%
A	100	20	80	—
B（A的马甲）	150	30	120	50

A首次购房首付20万元，其余80万元银行贷款，1年后
把房子当二手房子卖给B（自己）。

二手房子继续贷款，B再首付30万元，银行返还给甲首
付20万元和差额50万元，这时A净赚20万元。同时，还用
"马甲"B拥有了一套房子（首付30万元，欠120万元贷款）。

接着，假如楼市急转直下，A 可以申请破产，把房子扔给银行，此时，已经套出了 20 万元的利润。

如果楼市欣欣向荣，还可以再找马甲 C，再把房子以 150 万元卖给 C，又可以拿回 30 万元的首付，共获得利润 50 万元。

当然，减去给 B、C 的好处费，以及各种杂费，能获得大约 40 万元的利润。

一些开发商在开盘前，会搞一个"内部认购"。通过这一举措，开发商可以非常清楚地了解到，市场上有多少人要买房子，房子能卖到多高的价位。

由此，开发商就根据认购的反馈信息，留下一定数量的房子用来炒作。假设有 500 套房子，市场上有 400 多个真正的买家想要买，开发商就卖掉 350 套，留下 150 套来炒，炒作的原理和"背房游戏"一致。

纸上富贵，终是浮云

楼价暴涨的时候，尽管怨声沸腾，却鲜有人会因为买不起而跳楼。

楼价暴跌的时候，一定会有高位套牢者因为心理承受不住而跳楼自杀。

行为金融学认为，房价正负财富效应具有非对称性，人们对于亏损的沮丧程度往往超过同等盈利带来的快乐。

行为金融学，弥补了传统金融学研究方法的一些缺失。行为金融学能够很好地从消费者主观因素和心理因素，对房价变动影响消费的财富效应进行解释。

财富效应又称实际余额效应，由美国经济学家戈特弗里德·冯·哈伯勒提出。简而言之，就是指金融资产价格上涨导致金融资产持有人财富的增长，进而促进消费增长，影响短期边际消费倾向（MPC），促进经济增长的效应。

在研究非充分就业的均衡状况时，哈伯勒把目光投向了货币财富上，并指出在价格下降时，这种财富的实际价值会增加。因此货币财富的持有者会通过支出过多的货币，来减少他们增加的实际货币余额，从而提高趋向于充分就业的总需求水平。

哈伯勒的财富效应理论，已被各种类型的货币财富所证实。

前景理论则从另一个层面解释了房地产价格上涨和下跌对消费的不同影响，即房价上涨的正财富效应小于房价下跌的负财富效应。

过度反应理论

当牛市来临时，股价会不断上涨，涨到让人不敢相信，远远超出上市公司的投资价值；而当熊市来临时，股价会不断下跌，也会跌到大家无法接受的程度。

这就是"过度反应"现象，它描述的是一种典型的投资行为非理性偏差，表现为对信息权衡过重，行为过激等现象。

泰勒在 1985 年的一个研究中发现，投资者对于受损失的股票会变得越来越悲观，而对于获利的股票会变得越来越乐观，他们对于利好消息和利空消息都会表现出过度反应。

传统经济学和金融理论认为，个体在投资活动中是理性的。他们在进行投资决策时会进行理智的分析，当股票价格低于上市公司的内在价值时，投资者开始买入股票；而当股票价格高于上市公司的内在价值时，开始卖出股票。证券市场也由此形成了一种价值投资的氛围。

但事实绝非如此，投资市场几乎就是一个"博傻"市场。

行为金融学家希勒教授将股市泡沫称作一场非理性的、自我驱动的、自我膨胀的泡沫。比如互联网泡沫，类似于荷兰郁金香、南海公司泡沫，在投资领域中屡见不鲜。为什么人们总会犯同样的错误呢？

希勒教授认为，人类的非理性因素在其中起着主要作用，

而历史教训并不足以让人们变得理性起来，非理性是人类根深
蒂固的局限性。

　　希勒教授曾在一个研究中发现：当日本股市见顶时，只有
14％的人认为股市会暴跌，但当股市暴跌以后，有32％的投
资者认为股市还会暴跌。投资者通常是对于最近的经验考虑过
多，并从中推导出最近的趋势，而很少考虑其与长期平均数的
偏离程度。换句话说：市场总是会出现过度反应。

　　投资领域中存在着价格长期严重偏离其内在价值的情况，
主要原因是上市公司未来的价值本身具有许多不确定性，正是
这种不确定性引发了投资者的心理上的非理性因素，投资者共
同的非理性投机形成了市场的暴涨和崩盘现象。

过度自信

　　"过度自信"是一种最常见的认知偏差，别说普通投资
者，甚至是那些很有自知之明的人，其实也难以避免。

　　当房地产价格的上涨与投资者的私人信息吻合时，往往
导致投资者的信心膨胀，因为过去房价的走势进一步提高了房
价上涨的预期。投资者的过度自信以及过度反应往往把房地产
名义财富增长当作实际增长，把房地产财富增长当作永久收入
增长，从而扩大消费支出。

过度自信一般会出现在自己擅长的专业上。几乎从事各种职业的人都存在过度自信，在物理学家、临床心理学家、律师、谈判人员、工程师、企业家、证券分析师、驾驶员等的判断过程中，都观察到了过度自信现象。

20多年前，心理学家对瑞典的汽车驾驶员进行过一项调查，发现有90％的人自认为驾驶技术属于中上水平。显然，这里面有很多驾驶员缺乏自知之明。这正是过度自信的典型例子。

放眼望去，过度自信的迹象充斥着我的生活，其原因如下。

1. 知识幻觉

"过度自信"是一种认知偏差，它的最常见原因是知识幻觉。

以投资者买卖房屋出租为例，很多人会只考虑熟悉的楼盘尤其是熟悉的区域——往往是他们从小成长或者现在居住的区域，而非对所有有潜力的区域和项目都进行考察。

投资者倾向于认为，自己拥有足够的知识来做出正确的决策，或者认为自己所拥有知识的精确度要比实际上所具有的精确性更高，所以他们对事件发生概率的估计总是夸大。

心理学家曾经做过一个实验：

让赌马者从 88 个他们认为对计算胜率有用的变量中做出
选择。比如往日赛马的成绩表，马匹的健康指数等。

先给赌马者 10 个最有用的变量，让他们做出预测。

接着，又给他们 10 个变量，让他们再做预测。

资讯的增加并未增强预测的准确性，奇怪的是，他们对
预测的信心却极大提高了。

2. 选择性耳聋

"过度自信"还有一个衍生的副产品，那就是"选择性耳
聋"。因为过度自信，所以我们更加追求自我肯定，在这种心
态的驱使下，我们只会考虑与现有评估相符的信息，而忽视或
刻意回避相悖的信息。

3. 控制幻觉

到一家彩票投注点去观察，大部分彩民是自己选号。尽
管主动选择与机器选号中奖概率完全一样。但是在买家的内
心，却认为自己选择的号码有更多的胜算。

非理性投资者总是很难避免"控制幻觉"，以为能够控制
无法控制的局面。但事实并非如此。长期来说会有很多无法
控制。

比如一个投资者最近收益很不俗，他往往会认为是自己
高超的技术分析在起作用——而事实可能是最近大牛市普遍上

涨，即使是掷飞镖随便选一个股票也会有不俗的表现。这种不恰当的自信相当危险：随着"控制幻觉"增加，吸收新信息和"三思而后行"的意愿则会降低。在投资初步获利后，这个循环会按照愉快－贪婪－亢奋－崩溃的模式迅速演变。

从众效应

在房价的持续上涨或下跌过程中，如果投资者够理性，彼此相互独立，那么正确或错误的思想对房价造成的影响将可能彼此相互抵消，其结果不会导致房价的暴涨暴跌。

然而更经常的情况是，大多数投资者在房价持续上涨或下跌过程中失去理性，有限的能力和特定的行为极易产生盲目的从众行为，导致过度狂热或恐慌情绪，从而追涨或杀跌。

财经类文章中，经常用"羊群效应"来描述经济个体的从众跟风心理。

心理学实验表明，人们不能做出完全独立的判断，当大部分人做出相同判断时，行为主体认为这个结论很可能是正确的，所以也做出相同的判断。这种行为称为羊群效应或从众效应。

导致出现"从众效应"还有其他一些因素，比如，一些投资者可能会认为同一群体中的其他人更具有信息优势。"从众效应"也可能由系统机制引发。例如，当资产价格突然下跌造成亏损时，为了满足追加保证金的要求或者遵守交易规则的限制，一些投资者不得不将其持有的资产割仓卖出。

在投资股票积极性大增的情况下，个人投资者能量迅速积聚，极易形成趋同性的从众效应，追涨时信心百倍蜂拥而至；大盘跳水时，恐慌心理也开始连锁反应，纷纷恐慌出逃。

凯恩斯刚指出，从事股票投资好比参加选美竞赛，谁的选择结果与全体评选者平均爱好最接近，谁就能得奖；因此每个参加者都不选他自己认为最美者，而是运用智力，推测一般人认为最美者。投资收益日复一日地波动中，显然存在着某种莫名的群体偏激，甚至是一种荒谬的情绪在影响整个市场的行为。

美国社会心理学家费斯汀格在描述从众行为时指出，当遇到冲突时，我们的思想会潜意识地剔除那些与整体关联性最弱的看法，不自觉地寻求平衡。可见，从众行为是出于归属感、安全感和信息成本的考虑，散户会采取追随大众和追随意见领袖的方针，直接模仿大众和意见领袖的交易决策。

爱默生所言不虚："在人世间随波逐流地生活不难；在独处时固守己见地生活不难。而只有伟人才能在茫茫人群里尽享独处的自主。"

次贷与房奴

美国政府为解决低收入人群的购房问题，而提出的解决方案。那些因信用记录不好或偿还能力较弱而被银行拒绝提供优质抵押贷款的人，会申请次级抵押贷款购买住房。

美国公民吴老二经济困难，根本无法通过常规的办法取得贷款来购买他们想要的住房。

但是到了 2005 年后，随着次贷行业的兴起，对贷款审批的标准大幅下调，于是，次贷公司上门向吴老二推销一间 10 万美元的住房。

次贷公司说："你可以通过次贷方式取得购房，但必须支付 5% 的首付款，即 5000 美元。"

吴老二说，交这笔钱外，就没有富余的资金来支付在交割时他们应付的那部分交割费用了，怎么办。

于是，次贷贷款公司说："我们可以帮你运作一下，让开发商承担这部分费用。"

吴老二说："不行，这笔钱还得留给孩子上学用。"

"什么？首付也不愿出？我们帮你运作一下，搞成'零首付'！"

吴老二依然摇头："利息太高怎么办？"

次贷公司："担心利息太高？头两年我们提供 3% 的优惠

利率！"

吴老二依然担心，自己以后失业怎么办。

次贷公司："这个你不要担心，头两年你只需要支付利息，贷款的本金可以两年后再付！你看，那个傻×肌肉男就能当州长，你比他聪明多了，两年后你至少能混个经理当当，这点月供还不是小菜一碟？我都相信你一定行！"

吴老二心动了，虽然高兴，但仍保留了一丝清醒："我万一、万一当不上经理呢？"

"您有点过于谨慎了，居然会担心两年后还不起这种小概率事件。给你明说了吧，反正这钱也不是你出的，到时候天塌砸大家，就算银行把房子收走，你已经白住两年。看吧，这房价一年涨了多少？两年后房价接着涨，你可以转手卖给别人，大赚一笔！"

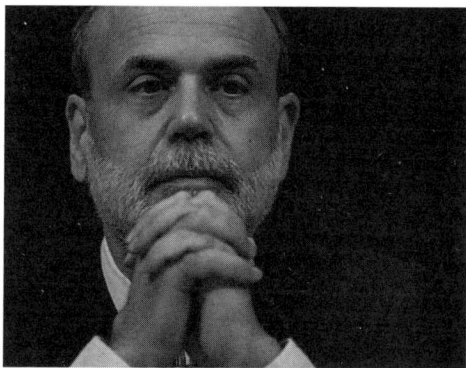

■美联储（Federal Reserve）主席伯南克（Ben S.Bernanke）在接受《纽约客》杂志专访。

在房价不断走高时，次级抵押贷款生意兴隆。即使贷款人现金流并不足以偿还贷款，他们也可以通过房产增值获得再贷款来填补缺口。但当房价持平或下跌时，就会出现资金缺口而形成坏账。

2006年楼市兴旺时，房价高，银行房贷速度和放贷量都很大。西班牙有位叫墨斑的先生用自己的住房作为抵押购买了宠物店。

次贷危机后，失业率升高，房价开始缩水，就涌现了和他一样境地的无数房奴。更可怕的是，根据西班牙猛如虎的制度，房子被银行收走后，房奴的债务却一点也不打折，甚至剩余债务要高于房价。

在西班牙，房子上交给银行后，房奴们还要继续还债，人财两空夜不能寐，恨不得自行了断。据西班牙消费者保护局公布的数据，2010年约140万个西班牙家庭面临房屋被收回的风险。这个数字一年比一年高，2007年时，只有2.6万人被收回房屋，2018年，这一数字高达9.3万人。标准普尔此前报告说，8%的西班牙房产已缩水，价格仍将下跌，预计未来20%的房产总价值会跌至贷款总额以下。银行的还贷利率忽上忽下，房奴们的贷款越还越多，注定一辈子摆脱不了银行的束缚。一些房奴连自杀的心都有了。

可见，并不是所有国家的人都能像美国房奴一样幸福，
有些国家是没有破产制度的，只能一辈子为银行打工。

第七章

股市"傻瓜"众生相

投机客经常由于无知而获利，在疯涨的牛市里知识是多余的、经验是障碍，这种事已经不奇怪了。可是投机客通常所经历的是暂时的利润和最终的亏损。

——本杰明·格雷厄姆

有人调侃说：如果白痴会飞，那股市大厅就是飞机场。很多亏损者都有类似的教训：当我没有进入股市的时候，发现傻瓜都在赚钱；当我兴冲冲地闯进去的时候，却发现自己成了傻瓜。

每个领域都有傻瓜，股市里尤其如此。普鲁士"铁血宰相"俾斯麦曾言："每个傻瓜都会从自己的失败中获得教训，聪明人则从别人的失败中收获教训。"

在一个贪婪与恐惧混合的金融市场里，如果你不知道什么是傻，或者你还看不出谁傻，那你一定会犯傻。

以下分类，本身是中性的，甚至是褒义的。然而，真理与谬误只有一步之差，当它们发展到某一极端时，就会被称为"傻瓜"。

列举一下股市里的众生相，看看有没有阁下似曾相识的身影。

勤快交易的"傻瓜"

军队中有四种人：聪明又能干的，这类人适合于做参谋长；聪明又懒惰的，适合当司令员；愚笨又懒惰的，适合当士兵；愚笨又勤快的，必须拉去枪毙。

股市中，同样存在着这样的四种人。

有些人很喜欢在市场上投资的那种兴奋感，无论是在股票市场、货币市场还是其他投资市场。这让他们拥有一种归属感，他们喜欢自己从属于某个地方的感觉。这让他们每天都保持一种兴奋的情绪，就像勤劳的小蜜蜂，他们不断观察市场上最新的价格走势。对这些人来说，交易本身即是最大的乐趣，赚钱反倒在其次，属于一种额外收获。

他们往往会不停地买入、卖出，只有这样，他们才觉得自己是市场的一部分。

"勤奋派"投资客需要使自己处于一种非常忙碌的状态之中，所以他们不会买入股票之后便置之不理，而是对这些股票保持高度的热情。他们会密切关注各种投资信息，然后大量买进或卖出某只股票，直到他们自己感到厌倦为止。此时，他们会把兴趣转向新的投资机会。

消息灵通的"傻瓜"

莎士比亚说，谣言是一支凭着推测、猜疑和臆度吹响的笛子。

"灵通派"投资客可谓"眼观六路，耳听八方"，他们最擅长获取自己所需要的消息，并且知道如何利用这些消息。

他们会仔细研究报纸上的报道、电视上的新闻、统计数据、经纪公司的分析报告。

"灵通派"往往不相信家人提供的消息，消息来源越陌生越可爱。

他们不愿放弃任何论坛上的帖子、博客上的预言，甚至是无意中在夜店里听到的小道消息。

"灵通派"傻瓜问题存在于，他们很可能被过多的消息淹没。过多的消息可能超出他们的处理能力。

《股票作手回忆录》里的一则故事，可以反映这种现实。

有位名叫莱克的银行家，对一家名叫雷丁的上市公司的情况了如指掌，而且与内幕投机客蛇鼠一窝。

有一天，莱克遇见约翰·盖茨，要他做空雷丁公司，跌幅至少 25 点，盈利机会极大。

盖茨听后如获至宝，赶紧往他的交易室走去。但雷丁根本就没有停止上涨，几个星期内它上涨了大约 100 点。

一天，莱克又在马路上遇见盖茨，但他假装没看见盖茨，继续向前走。盖茨追上他，满脸堆笑地伸出了手，莱克惊慌地握了握盖茨的手。

"我想谢谢你，谢谢你给我提供有关雷丁的消息。"盖茨说。

"我没有给过你任何消息。"莱克皱着眉头说。

"你给过我。而且是一个绝好的消息。我赚了 6 万美元。"

"赚了 6 万美元？"

"没错！你不记得了？你告诉我抛掉雷丁，所以我就买进了雷丁。我听了你的消息后反向操作，总能赚钱，莱克。"盖茨得意地说，"总能！"

这就是所谓的"反向指标"。即便在今天，如果把代表市场情绪的股评家的言论编成指数的话，仍可反其道而行之。

消息无处不在，它可以让你知道周围的变化，使你与环境相适应。

传统的观念是，消息越多越好。其实，过多消息对投资者来说并无帮助，有时反而更像一种噪声。

过度自信的根源来自"资讯幻觉"——消息越多，把握越大。

投资者和证券分析师们在他们有一定知识的领域中特别过于自信。然而，提高自信水平与成功投资并无相关。基金经理人、股评家以及投资者总认为自己有能力跑赢大盘，然而事实并非如此。

情感驱动的"傻瓜"

与灵通派相反，有些人仅凭借直觉，而不是充分的信息去投资。好比有人会一直购买某组数字的彩票，原因是他某次被一辆车牌号码是这组数字的车给撞了！

直觉派投资客会因为某些事物吸引了他们的注意力而做出投资决策。他们可能是对某家公司所制造的某种特定产品的兴趣，例如摩托车或火腿肠，甚至可以是在某一本宣传册子上看到的某家企业总部的照片。

直觉，有时候会成为成功投资的积极推动力。喜欢某些东西，甚至对它特别热衷，意味着在做投资决策时存在特别的因素。

比如，投资客可能会热爱某一个娱乐公司的明星。这些投资客完全受感情驱使，希望将资金投入自己喜爱的娱乐活动。他们可能感觉自己喜欢的明星所在的公司一定大获成功。但是他们同时还会积累有关这种产业、演员以及管理层的大量背景知识。因为他们无意中内化了这种能够影响股票市场的细微差别，他们的个人直觉与潜在行为已经产生了变化。

直觉派投资客可能是某个领域的达人（专家）。

他们是无可救药的乐观主义者，相信形势最终会好转。总是对曾经的成功记忆犹新，对曾经的失败恍如隔世。

直觉派会热衷于某一特定兴趣爱好，并由此做出投资决定。

直觉派不太在意政治或经济形势变化的影响，可能未能获得或利用现成的信息。在投资出现不利变化时很难做到斩仓止损，因为这是一种带着感情的投资，难以割舍。

直觉是人类在长期进化中基因优化的结果，是人类反应及处理问题时的心理捷径。任何事物都存在两面性，直觉判断一方面节省了人类的心智资源，另一方面也为人类带来了错觉思维。由于直觉存在敏感性、即时性、既定模式反应等特征，直觉在进行判断与决策时有着明显的局限性，从而使人们产生了事后羊群效应、锚定效应、过度自信倾向等错误思维。

追求完美的"傻瓜"

"完美派"投资客会一直握着赔钱货不放，总是幻想着股票能够涨回去，却急于把正在上涨的股票卖出去，有着强烈的获利了结倾向。

一旦需要割肉的时候，墨菲定理法则就会在他们耳边响起："一割肉，股票立刻就会回升，让你后悔莫及。"

这其实正是行为金融学所讲的"懊悔规避"和"追求自豪"心理在作祟。

圣哲曾言：完美是毒。

投资领域同样如此。

每一笔交易都大获全胜，只是幻想。

完美派投资客，拒绝蒙受一点儿损失。他们可以参照股神巴菲特的成绩。

巴菲特说："如果从我的上百种投资中剔除最好的十五项投资，其长期表现将流于平庸。"

完美派投资客，经常迟疑不决。他们往往是花费了很长时间，努力工作才积累了一些本钱，所以会尽量规避风险。

完美派投资客有时会错误地夸大一些股票的风险系数。做投资决策时过分保守，尽量避开那些热门股票。

完美派投资客不会轻易受小道消息或媒体报道的影响，而喜欢自己做调查研究。他们通常并不信任专业人士的建议，只有在他们确认风险已经降至最低时才会进行投资。

在寻求专业人士的建议时，他们也会花大量的时间考虑这位顾问是否符合自己的需要。

完美派投资客存在的问题是，他们经常因为在决定是否投资上花费了过多的时间以致错过了投资良机，从而无法实现最大限度的投资收益。此外，在选定某只股票之后，在出售时机选择上的过度谨慎也会导致不必要的损失。

大而化之的"傻瓜"

"大意派"投资客通常工作努力，有着不错的收入，他们很容易忘记自己把资金投在了什么地方。

对"大意派"投资客影响最深的是行为金融学所谓的"心理账户"效应。

他们会把钱财分为：意外之财、血汗钱、黑钱……"大意派"投资客认为好工作或好职业才是致富之道。

他们可能根据自己所掌握的信息或专业人士的建议做出

了投资决策，但奇怪的是，随着时间的流逝，他们会将这项投资束之高阁。

过了一段时间后，结果变成了"随它去吧，爱怎么样怎么样"的态度，这项投资在他们心目中已经不复存在。

大意派傻瓜可能因为从朋友那里听来的小道消息而买入股票或其他投资工具，然后由于工作压力或家庭原因而完全忘了这回事。

大意派投资客往往认为花钱买来的专业人士的建议肯定是好建议，不需要仔细核实。

如果他们根据专业人士的推荐而买入了某只股票，他们可能会感觉自己还不具备足够的专门知识把握这只股票的出售时机，于是决定留待以后自己的专业技巧有所提高后再议。但是学习投资的事情总是一拖再拖。

过于专注的"傻瓜"

"专注派"投资客专注投资，有时会忘记吃饭，不注意个人卫生，甚至会影响到家庭和睦。

炒股赚钱就是为了提高生活质量，如果生活质量受到了影响，不如"金盆洗手"。我们长脑袋是用来思考的，不是用来得脑血栓的！

当一个人视投资为生活的重要部分，完全醉心与此时，投资就变成了生活中的一种困扰。

专注派的傻瓜眼中只有投资，不及其余。甚至像看电视这样的简单行为，对痴迷型投资客而言只有那些能够影响投资决策的重要经济新闻才有意义。

投资是一种兴趣爱好或职业，聪明人的股海生活是多姿多彩的，有决战，有打猎，更有浪漫！它是令人愉快的，还可以为人们赚取利润，但它绝不是生活的全部。

保持生活方方面面的平衡非常重要，兴趣广泛将有助于你获得生活各方面的成功，而不仅仅是投资。不妨看一下有多少交易是在高尔夫球场或餐桌上达成的。为什么？因为娱乐能让人心情愉快、思维敏捷。

现实中，虽然有些投资客可能属于某类典型的投资客，但一般会存在一定程度的重合现象。

因此，成功的投资客可能同时兼具不同投资客的优点。类型本身是中性的，只有当它们发展到某一极端时才会出现或好或坏的结果。然而，无论你属于何种类型的投资客，你都会碰到投资过量的困扰。

第八章

炒股就是炒心理

我把"投机中赚的钱,是痛苦钱"当成座右铭,先有痛苦,然后才有金钱。

——安德烈·科斯托兰尼

大多数投资者会赞同"炒股就是炒心理",认同心理因素对股票投资的重要影响作用。诸如巴菲特、索罗斯等投资牛人总是忠告股民"减少情绪冲动,保持良好的投资心态"。股市中还流传着不少这样的格言,如"在别人贪婪时恐惧,在别人恐惧时贪婪""最难战胜的敌人是自己"等。

然而,许多人在不是很了解的情况下就进入了股市,他们中的很多人都是受到同侪的压力、忌妒、恐惧的驱动,出于本能地选择了这条道路。比如:"我炒股的原因是我那小舅子和笨蛋邻居都在股市里面翻了好几倍，我为什么不能！"

所以，股市中永远不缺因心理冲动而蒙受巨大损失的案例。让我们牢记本杰明·格雷厄姆的名言："市场先生应是你的仆人，而非向导。"

认知失谐

认知失谐是一个心理学上的名词，用来描述在同一时间有着两种相矛盾的想法，因而产生了一种精神紧张。或者说，是两种认知中所产生的一种不兼容的知觉。

20世纪中叶，美国学者费斯汀格等人对"认知失谐"的课题进行了社会及心理学的研究。

1954年，费斯廷格读到一条地方报纸的头条新闻："号角星"带给本市的预言——逃离大洪水。

芝加哥的一名家庭主妇吉斯夫人，宣称自己收到了来自"号角星"的神奇预言：一次大的洪水会在12月21日黎明之前终结这个世界。

吉斯夫人又和她的信徒说，一只飞碟将会在午夜聚会时把他们救走。

吉斯夫人的不少追随者放弃了工作、学业和配偶、金钱和财产。

费斯廷格认为这是研究人类"认知失谐"的良机，就跟踪到了现场。

12月20日午夜接近的时分，信徒按照吉斯夫人的指示，除去身上所有金属物品，比如拉链、带铁环的胸罩、皮带等，以免对外层空间飞行器造成干扰。

12：05，洪水没来，飞碟也没来。人群开始骚动，这时候有人拿出另一只表，说正确时间是11：55。大家又安静下来。

12：10，仍然没有访客。人群又不安起来。

清晨4：00，追随者出奇地安静。吉斯夫人开始哭泣。

清晨4：45，吉斯夫人说自己收到另一则消息：因为这帮信徒足够虔诚，所以外星人决定暂时放过地球。

最后的结果让费氏非常吃惊，预言失败后，吉斯夫人的铁杆追随者反而更多了，他们对吉斯夫人更加信赖了。

通过观察UFO末日教派的成员们对这种反直觉信仰的坚持，以及其领导人的预言失败后，改信人数的增加。1956年，费斯汀格与他人合著出版了《当预言落空时》一书，作者们分别从历史文献和实地考察两方面来进行研究。

《当预言落空时》一书中，费斯汀格等第一次提出了认知失谐的概念。

认知失谐，就是本章开头所讲的例子：在当时的情景，谁又忍心说一些大煞风景的话呢？

地球灭亡预言的失败，"预期落空"增强了认知间的失谐，结果使得大多数没有心理准备的信徒，为了减缓此种心理失谐而改去接受新的预言，亦即外星人已经因为他们而饶恕了这个星球。

失谐是一种在认知活动中出现的不和谐状况。在人类认知活动中，当一个被深信的观念，受到外界客观事实所否定时，便会替个人带来不舒服或痛苦难耐的情况。而在各种失谐的状况中，人们都致力于把失谐的程度减至最低。

换句话说，预言的失败替信徒带来失谐的状态；而在心理上，他们需要把失谐的程度减至最低。

怎样减轻这种精神上的压力呢？按照费斯汀格的看法，减低失谐的方法有三：

·放弃全部信仰。但他付出的代价可能比在失谐状况中更高。因为已委身过的价值体系，是不易放弃的。

·忽略一切否定预言的有关证据，并坚定原有的信仰。

·稍微修正有关信仰，以较低的代价来降低失谐的痛苦。

《当预言落空时》一书的亮点，在于作者们使用"失谐"这个概念，来解释信仰群体在预言失效后的情况。

费斯汀格指出，当一信仰群体的基本要点被否定后，它不会就此而瓦解，反之它会以修正信点的方式来维持有关信仰和失谐状况，而信徒会变得更加投入和确信。

酸葡萄 VS 甜柠檬

与酸葡萄心理对应的，是甜柠檬心理。

人会本能地贬低得不到的东西的价值，同时不自觉地抬高已得到东西的价值，比如"禀赋效应"。这其实也是认知失谐的一种表现。

小明认为中医落后、西医昌明，自从阴差阳错上了中医学院后，他就改说中医其实很高明。

某甲结婚前对爱人不太满意，与约会时不同，婚后不断地夸自己另一半的优点。

有句话这样说：选择你爱的，爱你选择的。这句话其实可以修正为：选择你爱的，你将会更爱你所选的。

几个加拿大心理学家通过一项实验发现，赛马场上赌客们有一个有趣的特点：一旦下了注，他们对自己挑中的马立刻信心大增起来。

当然，这些马得胜的概率一点也没变。同样是这匹马，站在同一个赛马场的同一条跑道上。当赌马客们最终不能取消对某马下的赌注时，它的前景马上就变得乐观起来。

为自己的选择的合理化，人们会不自觉地夸大选择对象的优点。

宁愿保持现状

传统经济学的坚决捍卫者——保罗·塞缪尔森，曾经通过一个经典实验来揭示人的这种心态。被试者是一些对经济学和财务知识有相当认识的学生，给他们出了下面这几个问题。

你经常阅读有关金融方面的报道，可是一直没有钱能够用于投资。最近，有个远房亲戚遗留给你一大笔钱。你通过仔细考虑后，把投资的范围缩小到以下4种选择：

A.购买甲公司的股票。这种风险适中的股票，在未来一年中，有50％的机会股价会提高30％，有20％的机会股价会维持原状，有30％的机会股价会降低20％。

B.购买乙公司的股票。这是一种风险较高的股票，未来一年有40％的机会股价会提高1倍，有30％的机会股价会维持原状，有30％的机会股价会降低40％。

C.购买国库债券，几乎可以确保未来一年能够得到9%的报酬。

D.购买市政债券，几乎可以确保未来一年能够得到6％的报酬，免税。

你会选择哪一项投资？

不出所料，这些被试者大多数是根据自身承受风险的能力来选择投资的。因此，有32％选择了中度风险的股票，有32％选择了保守的市政债券，有18％选择了风险较高的股票，另外18％选择了国库债券。

但是，这些结果并不特别重要或有趣，真正有意思的还在后面：塞缪尔森向另外几组学生提出了类似的问题，只不过他们是在某种现状下做选择。也就是说，这些学生发现他们接受的财产已做了某种投资安排，而他们必须决定究竟是要维持这种投资还是要加以改变，请看下面的问题：

你经常阅读有关金融方面的报道，可是一直没有钱能够用于投资。最近，有个长辈遗留给你一大笔财产，其中一大部分已投资购买了甲公司的股票。现在你必须决定究竟是要维持原状，还是要把钱投资到别的地方，而且不必考虑税收和交易佣金。你会选择哪一种方式：

A.保留甲公司的股票。这种风险适中的股票，在未来一年中，有50％的机会股价会提高30％，有20％的机会股价会维持原状，有30％的机会股价会降低20％。

B.投资购买乙公司的股票。这种风险较大的股票在未来一年中，有40％的机会股价会提高1倍，有30％的机会股价会维持原状，有30％的机会股价会降低40％。

C.购买国库债券，几乎可以确保未来一年可以得到 9% 的报酬。

D.购买市政债券，几乎可以确保未来一年可以得到 6% 的报酬，而且不必缴税。

这次实验的结果如何呢？不论设定的现状是哪一种投资，大多数人选择维持现状。例如，一旦获悉这笔钱已用于购买市政债券，有47%的人会决定维持这种非常保守的投资。相比之下，在前面的实验中，资金尚未做任何投资时，只有32%的人选择市政债券。

这实在令人费解：如果没有特殊情况，只有30%的人会把钱放在市政债券里。但是，一旦获知钱已经买了市政债券，几乎有一半的人会认为这是最适当的投资，尽管当初这样做并非出自他们的选择。

"固守现状"的并非现状真的多么吸引人，根本原因在于人们害怕懊悔、厌恶悔恨。

情绪定输赢

巴菲特总结自己的投资经验后忠告股民：不要将情感投射在股票上，减少炒股过程中的情绪波动。那么，影响投资情绪的因素有哪些呢？

·健康状况；

·生活的剧变，如退休、离婚、职业倦怠；

·没有任何兴趣、爱好，除了工作、工作还是工作；

·酗酒或吸毒；

·长期付出，却没有回报；

·突然的性亢奋或冷淡；

·缺乏社交冲动，如与朋友一起外出、与异性约会；

·心情沮丧或感到厌烦；

·财务问题，例如债务缠身、家庭收支失衡、花钱严重超支。

让我们看看日本医学界对压力的研究成果，帮我们避开在错误的时机做出不当决策。

压力指数量化表

压力排名	生活事件	平均压力指数
1	丧偶	100
2	离婚	73
3	分居	65
4	入狱、受拘禁	63
5	近亲死亡	63
6	重病、重伤	53
7	结婚	50
8	被解雇、失业	47

续表

压力排名	生活事件	平均压力指数
9	夫妻冷战、吵架	45
10	退休	45
11	某个家庭成员出现健康问题	44
12	怀孕	40
13	性方面有障碍/困扰	39
14	家里加增一位成员（包括婴儿、领养、亲人进入常驻）	39
15	创业、开业、改行或破产	39
16	财务经济情形突变（突然大量减少或大量增加）	38
17	好友死亡	37
18	被安排到其他不同的工作岗位	36
19	与配偶争论	35
20	房屋贷款或大数目的贷款债务	31
21	丧失担保物品的索回权（如房屋被人查封、收回等）	30
22	工作或职务责任突然改变（升级、调离或降级）	29
23	儿女离家（结婚、上大学等）	29
24	与婚亲家人争吵嫌隙	29
25	个人取得优异成就（受奖）	28
26	配偶突然有工作或突然失业	26
27	开学（或退学）	26
28	生活方式的突变（迁居、建设或社区的没落或突变）	25
29	生活习惯的改变（衣着、交通工具、参加社团）	24
30	与老板或主管发生冲突	23
31	工作状况的变动或工作时间大部分改变	20
32	搬家	20

续表

压力排名	生活事件	平均压力指数
33	学校发生变动	20
34	娱乐方式的改变	20
35	宗教活动的改变	19
36	社交生活方式的改变	18
37	小数目贷款（2万美元以下）	17
38	睡眠习惯的改变（多睡、少睡、时间变更）	16
39	家人团聚次数改变	15
40	饮食习惯的变化（多吃、少吃、不按时吃饭）	15
41	假期旅游	13
42	过新年	12
43	犯法（很小的违规行为、抄牌等）	11

注：

1. 除了离别、环境的变化，某些看起来很幸福的事情也会让人产生压力。

2. 若一年内积分数总和为150~199，第二年则有37%的概率会因为某些压力而患病（包括生理、心理疾病）。

3. 若一年积分总和为200~299，第二年则有51%的概率会因为某些压力而生病（包括生理、心理疾病）。

4. 若一年积分总和超过了300，第二年则有79%的概率会因为某些压力而生病（包括生理、心理疾病）。

成功投资客的特征

· 向前看，不会让过去的习惯主宰未来的投资行为；

· 为自己的行为负责，无论结果是好是坏；

· 保持高度自尊；

· 对成功的不懈追求；

· 积极地对待生活中的问题；

· 严格的投资纪律；

· 对与资金及金融相联系的数字比较敏感；

· 将投资视为一件很愉快的事，一种爱好；

· 不轻易被外界干扰；

· 视角敏锐，思维清晰，总是能早于别人发现投资机会。

第九章

股市中的心理博弈

所谓最高明的投资，乃是先发制人，智夺群众，把坏东西扔给别人。

——凯恩斯

博弈论，也可直译为游戏理论——通过模拟游戏获得的决策理论。

博弈论无疑提出了许多有用的理论，但是过分依赖这一理论会使我们在投资时犯一些荒谬可笑的错误。

博弈论也是理性人假设的产物，尽管马柯维茨那篇让他获得"炸药奖"的论文没有提到博弈论，但其本质与博弈论殊途同归。

博弈论至少有三个明显的不足之处：

1.只与一个对手而非一桌对手博弈。

2.一场博弈只能玩一手牌。

3.忽略牌桌之外的世界。

假如你是市场上唯一的玩家，那么一切将变得简单。你是唯一能左右市场的人，你赚钱或亏钱将直接取决于你的行动。

遗憾的是，市场上还存在其他投资客，他们也像你一样，通过自己的行动获取投资利润。因此，在有其他投资客并存的市场上，问题就变成了你与其他投资客博弈。

押宝与押宝的艺术

理查德·泰勒设计了一个需要很多人参与的数字游戏。游戏规则如下：

每个人都写下介于1到100之间的一个数字，要求这个数字应该是大家所写下数字平均数的2/3。

比如，有5个人分别写下了50、40、30、20、10，那么这些数字的平均数即为30，其2/3为20。你会选择哪个数字？

在泰勒看来，在这个游戏中最容易被猜到的数字是0、1、22和33。存在以下几种选择：

1.天使般纯净或智商偏低的选择："这个问题对我来说太复杂了，我随便选一个碰碰运气吧。随便猜一下，应该在50

上下吧？"

2. 数学家的选择。有人纯粹从数学角度出发选 0 和 1，是没将其他人的心理因素考虑进去。

3. 第一层次的思考："别人对数字也不会有什么灵感，所以我没什么可害怕的。他们可能会随机地或通过其他简单方法选择数字。这意味着他们所猜的平均数会是 50，所以我选 33。"

4. 聪明过头的选择："人们可能很聪明，但我对数字有着独到的认识。他们无疑会选 33，因为他们认为这个问题很简单，所以我选 22。"

人们总是想得过多或过少。此外，我们试图预测在一般人的观念中一般人会持什么样的观点，然后我们自己能看得更为透彻。泰勒认为，考虑到所有因素后的猜测应该是 13。

对股指点位押宝是经久不衰并将一直延续的智力游戏，但即便您英明盖世，猜中了 22，结果却可能变成 13！

选美与选股

1883 年，卡尔·马克思与世长辞。就在这同一年，经济学家凯恩斯出生了。

凯恩斯的一生非常成功，无论是公众形象还是其作为一个投资者。凯恩斯不仅是经济学理论上的天才，而且是位大胆的实践者。他的炒股天才使他过上了锦衣玉食的生活。

几百年来，有过数百名著名经济学家，真正可以称得上富有的，似乎只有两个人，一人是著名的李嘉图，另一人便是凯恩斯，两人的财富，若按购买力计算，均超过千万美元。经济学界的这两位富人似乎能够真正做到学以致用，而且有一个共同特点，均是聪明的投机家。

凯恩斯在 1920 年末几乎倾家荡产，但他最终神奇地熬过来了，而且在 1936 年，他的财富又回升到了 50 万英镑。如果按购买力计算，相当于现在近 3000 万美元。

所以，在经济学家群体中，对股票投资最有影响力的当首推凯恩斯。

最早把选股比喻为选美活动的是经济学家凯恩斯。凯恩斯选美理论，是建立在对大众心理的猜测之上的心理学。

凯恩斯通过一个"读者选美"的例子描述人们选择股票的心理活动。

在所谓读者选美比赛中，杂志刊登候选人的照片，而中选者要通过公众投票产生，因为评选者要顾及自己的利益（比如，如果你的评选结果和最后的结果相同，你会获得一笔奖金），他的投票就不可能以自己的爱好为唯一标准，他还要考虑别人会如何投票。凯恩斯这样解释——

专业投资大约可以比做杂志举办的比赛，这些比赛由读者从 100 张照片当中选出 6 张最漂亮的面孔，谁的答案最接近全体读者作为一个整体得出的平均答案，谁就能获奖；因此，每个参加者必须挑选的并非他自己认为最漂亮的面孔，而是他认为最能吸引其他参加者注意力的面孔，这些其他参加者也正以同样的方式考虑这个问题。现在要选的不是根据个人最佳判断确定的真正最漂亮的面孔，甚至不是一般人的意见认为的真正最漂亮的面孔。我们必须做出第三种选择，即运用我们的智慧预计一般人的意见，认为一般的意见应该是什么……这与谁是最漂亮的女人无关。你关心的是怎样预测其他人认为最漂亮，又或是其他人认为其他人谁最漂亮……

在杂志选美活动中，很多人根据自己对某一位选手的特殊喜爱来猜测谁将最终在比赛中胜出。你被她们的眼睛、嘴唇以及体形所深深吸引。但是，别的读者的选择永远出乎你的意料。你不得不设身处地从其他读者的角度思考。他们最喜欢哪种类型的美女？也就是说，他们的普遍观点是什么？

这时，他们选择胜者与其说取决于真正的或绝对的美丽的标准，不如说是努力找出大家的期待是不是落在某个焦点之上。

假如某个参加选美的佳丽比其他女子漂亮很多倍，她就可以成为这么一个万众瞩目的焦点。

不过，读者的工作就没那么简单。假定这 100 个入围佳丽简直不相上下，最大的区别莫过于头发的颜色。在这 100 人当中，只有一个红头发的佳丽。你会不会选这位红发美女呢？

在缺乏沟通的情况下，人们究竟将会达成怎样的共识？"选出美丽的选手"是个主观的标准，但这可比选出最苗条、头发最红或高的美女要困难很多。任何可以将她们区别开来的东西，都可以成为一个焦点，使大家的意见得以汇聚一处。

股市投资具有一些类似的特点。短期内，涨幅最大的大牛股不一定是你认为最好的公司的股票，也不一定是公众认为最好的公司的股票，它们肯定是这样的股票：从投资者那里得票最多的股票。

正如格林厄姆所说：短期内股市就是一台投票机！

格林厄姆大战"市场先生"

一个人当然不存在博弈的问题，但一旦你参与了投资，你就必须面对一个博弈对手——市场先生。

格林厄姆曾经举过一个"市场先生"的例子，假设你在与一个叫市场先生的人进行股票交易，每天市场先生一定会提出一个他乐意购买的你的股票或将他的股票卖给你的价格。

市场先生非常狡诈，他自称是一名躁郁症患者，喜怒无常。因此，在有些日子市场先生很快活，只看到眼前美好的日子，这时市场先生就会报出很高的价格，其他日子，市场先生却相当懊丧只看到眼前的困难，报出的价格很低。

此外，市场先生还有一个可贵的特质，他不在乎被人冷落，如果市场先生所说的话被人忽略了，他明天还会回来，同时提出他的新报价。

■本杰明·格雷厄姆（Benjamin Graham，1894-1976）被誉为证券分析之父，他享有"华尔街教父"的美誉。

市场先生对我们有用的是他口袋中的报价，而不是他的智慧，如果市场先生看起来不太正常，你就可以忽视他或者利用他这个弱点。但是如果你完全被他操控，那后果就不堪设想。

格林厄姆先生是一个深谙股市博弈之道的人，他提倡将市场先生当作仆人，而非向导。

是怎样令市场先生输掉的呢？他先摸透了市场先生的脾气，他知道市场先生的情绪不稳定，情绪不稳就难免会出纰漏，他的破绽的出现只是时间问题。

格林厄姆先生冷冷地看着市场先生的表演，等着他犯错误。

格林厄姆确信市场先生一定会犯错误，所以他很有耐心地等待着，就像我们知道天气变好后飞机就会起飞，于是我们可以一边用手机上网，一边在机场耐心等待一样。

在格林厄姆这种智慧型投资者面前，市场先生毫无办法。格林厄姆先生过于冷静，市场先生的不按常理出牌不仅没有赚到便宜，反而把弱点暴露给了格林厄姆。

当发现破绽的时候，格林厄姆出手总是又快又狠。

格林厄姆战胜市场先生靠的是洞悉市场先生的性格特点。

但对于股市里的傻瓜来说，市场先生的这一手是非常厉害的，他们会不自觉地受到它的感染而变得比市场先生更加喜怒无常。

这样一来，主动权就跑到了市场先生手里，输家就变成了股市里的那些傻瓜。这就是市场先生的诡计得逞了。

市场先生装疯卖傻的策略是具有冒险性的，他要像梭哈老手一样，故意输掉几把，诱惑更多的傻瓜上钩。

所以市场先生的情绪化与格林厄姆的扑克脸策略一样，目的都是要赢钱。

打一个比喻：市场先生之于投资正如魔之考验修行人，被它所动则败，任它千般变化不为所动则它能奈我何。

市场先生的弱点是很明显的，每个人都可以很容易地利用这一点来战胜他。但是，市场先生是市场中所有股民行为的平均值，市场先生性格的不稳定是因为市场中"群氓"行为更为情绪化，更为不稳定。

所谓市场先生，就是除自己之外，更是所有股民的总和的化身，格林厄姆洞悉了市场先生的弱点，其实也就是洞悉了股民群体的弱点。

格林厄姆大战市场先生，可以给我们如下启示：

·市场先生发疯，是为了诱惑你发疯，否则他就无法战胜你。

·市场先生是不可理喻的，不要轻易相信博弈论。你要研究的是他的非理性，而不是理性。

·不要和市场这个纯傻×较真，因为他会把你的智商拉到跟他一样的水平，然后用丰富的经验打败你。

乌合之众

马基雅维利说：群氓总是被外表和事物的结果所吸引，而这个世界里尽是群氓。

群氓，是指在群体行动中丧失了判断能力的人群，被法国社会心理学家古斯塔夫·勒庞称为"乌合之众"。

群体在狂热的投资过程中将自己变成了乌合之众。本节用行为金融学从个体和群体的心理角度分析市场的波动。

正如投资大师伯纳德·巴鲁克所说：股票市场波动印证的并不是事件本身，而是人们对事件的反应，是数百万人对这些事件将会如何影响他们的未来的认识。换句话说，最重要的是，市场是由人组成的。

投资要用大脑而不要用腺体。腺体只会让人凭本能、凭感觉去做事，而大脑要做的是判断企业经营前景和大众心理趋向。在股市这样一个没有硝烟的战场上，想要谋取赢就必须先找到谁是输家，然后在根据他的弱点设计一套赢它的计划。如果在入市时，你弄不清谁将成为自己的输家，那么你将肯定成为股市的输家。

非理性是人类难以克服的弱点，个体的非理性的传导与叠加，又造成了整体市场的非理性的繁荣与衰败。

所以，行情总在绝望中诞生，在半信半疑中成长，在憧憬中成熟，在希望中毁灭。

苏比克博傻

在某个鸡尾酒会上，张先生从口袋里掏出一张千元大钞，向所有的来宾宣布：他要将这张千元大钞拍卖给出价最高的朋友，大家互相竞价，以50元为单位，到没有人再加价为止。

出价最高的人只要付给张先生他所开的价码，即可获得这张千元大钞。但出价第二高的人，虽无法获得千元大钞，仍需将他所开的价码如数付给张先生。

这个别开生面的"以钱买钱"的拍卖会，立刻吸引了大家的兴趣。开始时，"100元""150元""200元"的竞偿声此起彼落，到价码抬高到"500元"时，步调缓和了下来，只剩下三四个在竞价。最后只剩下王先生和林先生在那里相持不下。

当王先生喊出"950元"时，张先生弹一弹他手上的千元大钞，暧昧地看着林先生，林先生似乎不假思索地脱口而出："1050 元！"这时会场里起了一阵小小的骚动。张先生转而得意地看着王先生，等待他加价或者退出，王先生咬一咬牙说："2050 元！"人群里起了更大的骚动，林先生摆一摆手，喝口鸡尾酒，表示退出这个"疯狂的拍卖会"，大家才松了一口气。

结果，王先生付出"2050 元"，买到那张"1000 元"钞票；而林先生则平白付出了"1050 元"。两人"平分秋色"，各损失的"1050 元"都纳入了张先生的荷包。

陷阱的三个特征

这个博傻游戏是耶鲁大学经济学家苏比克发明的，想拍卖钱的人几乎屡试不爽地从这拍卖会里赚到钱。它是一个具体而微的"人生陷阱"，参与竞价的林先生和王先生在这个"陷阱"里越陷越深，不能自拔，最后都付出了痛苦的代价。

自古以来，人类为捕杀动物所设的"陷阱"，通常有下列三个特征：

1. 有一个明显的诱饵。

2. 通往诱饵之路是单向的，可进不可出。

3. 越想挣脱，就越陷越深。

人类博傻的大小"陷阱"多少也与此类似。

社会心理学家泰格（A. Teger）曾对参加"千元大钞拍卖游戏"的人加以分析，结果发现掉入"陷阱"的人通常有两个动机，一是经济上的，二是人际关系上的。

经济动机包括渴望赢得那张千元大钞、想赢回他的损失、想避免更多的损失；人际关系动机包括渴望挽回面子、证明自己是最好的玩家及处罚对手等。千元大钞就是一个明显的诱饵。

开始时，大家都想以廉价而容易的方式去赢得它，希望自己所出的价码是最后的价码，大家都这么想，就不断地互相竞价。

当进行一段时间后，也就是出价相当高时，相持不下的两人都发现自己掉进一个陷阱中，但已不能全身而退，他们都已投资了相当多，只有再增加投资以期挣脱困境。

当出价等于奖金时，竞争者开始感到焦虑、不安，发现了自己的愚蠢，但已身不由己。

当出价高过奖金时，不管自己再怎么努力都是损失者，不过，为了挽回面子或处罚对方，他不惜牺牲地再抬高价码，好让对手损失得更惨重。

人生到处有陷阱，如何避免蹈入这类"陷阱"，也是一门不小的学问，心理学家鲁宾（J. E. Rubin）的建议是：

1. 确立你的底线及预先的约定：譬如投资多少钱或多少时间？

2. 底线一经确立，就要坚持到底：譬如邀约异性，自我约定"一次拒绝就放弃"，不可为"五次里面有三次拒绝才放弃。"

3. 自己打定主意，不必看别人：事实证明，两个陌生人在一起等公车，"脱身"的机会就大为减少，因为"别人也在等"。

4. 提醒自己继续投入的代价。

5. 保持警觉。

这些方法都很容易理解，但"知易行难"，一旦掉进人生的陷阱，抽身是不太容易的。

与庄家博弈

股市是由很多人参与的博弈，庄家与散户是非敌非友的微妙关系。

大多数时候庄家是下诱饵的钓客，散户则是庄家的猎物。

在这种复杂的情况中，双方展开一轮又一轮的博弈。由于信息不对称，受伤的总是散户。跟庄成功就能使自己风险最小化的同时利润最大化。

在这种诱惑与被诱惑的条件下，庄家与散户就构成了一种既爱又恨的暧昧关系。

庄家为了诱捕散户，就要先下点血本。通常，庄家在操纵股市的时候，不外四个桥段：

· 吸筹

· 拉升

· 出货

· 回落

庄家的惯用伎俩不外如此：就是需在股市的底部，顺利地以低价吸到廉价的筹码，能在顶部顺利地以高价位出掉筹码。

随着股市规模的快速膨胀，这种"庄家理论"将成为明日黄花，因为当前的市场已成为机构之间博弈的舞台，传统的坐庄操盘模式正在逐步被市场摒弃。

机构博弈

机构操盘的过程通常分为选股、建仓、拉升、出货四步，每步都具有鲜明的特点。

1. 选股的特点

机构背后有强大的专业研究团队，其主要的选股思路是，在合理评估市场系统性风险的前提下，注重挖掘个股基本面，通过"业绩"和"事件"两条主线选出潜在的牛股。所谓"业绩"，即找出未来业绩持续增长并可能超出市场预期的个股，所谓"事件"，即预测上市公司未来有可能出现重大的突发性利好，如重大重组、资产注入等。具体到个股选择，不同机构之间风格略有不同，如社保基金和保险公司多选择收益型的个股，追求市场的平均收益率；而激进型的偏股性基金多选择成长潜力和业绩弹性大的个股，以追求资本收益为主。

2. 建仓及拉升的特点

机构对所选中的个股，建仓之前已设定好目标价位，在股价未进入目标价位之前，总体上以买入为主。从节奏上来看，在建仓初期，由于机构之间对后市的分歧较大，局部的拉升之后，因前期套牢盘的涌出或其他机构的抛售，往往会出现较大幅度的震荡。一旦走出前期的震荡区域，机构之间将形成默契和共识，集体建仓，此时股价便进入主升浪阶段。因此，从技术上来看，机构重仓股在上升趋势中，走势比其他个股更加平稳，几乎不给散户逢低买入的机会。

3. 出货的特点

当市场系统性风险超出正常水平或股价进入目标区域后，机构将逐步降低整体仓位，转向以出货为主。由于机构资金量巨大，出货不可能在短期内完成，因此，在出货初期，有些投资者可能大举抛售，导致股价短暂而剧烈的震荡，但这种调整并不可怕，因为多数机构仍身在其中，无论调整幅度多深，必然被快速拉起，进入横盘整理阶段，此间多伴随剧烈震荡同时放量的技术形态，这是出货的典型特征。在熊市或平衡市期间，横盘后多选择向下突破，在牛市期间，横盘后通常还有一波创新高同时放巨量的拉升，这将是多头最后的疯狂。此后机构们将形成对后市看空的共识，股价进入主跌阶段。

游资重仓股的特点

　　游资的显著特征是善于快进快出，热衷于追求短线收益。因此，游资重仓股必须具备短线投机的价值，它们多具备下列四项特征：

1. 紧扣市场热点

　　在股市中，市场热点是刺激股价的兴奋剂，也是游资每天跟踪和发掘的重点，其内容可谓五花八门，宏观数据、经济政策、突发事件等，都可能成为引爆股价的导火线。在成交活跃度高的时候，市场热点往往呈现蔓延态势，凡是"沾亲带故"的个股都可能受益。

2. 炒作概念丰富

概念的本质是要讲述一个美丽的故事，让投资者认为相关概念股未来前景光明。至于故事内容的真实性，对游资并不重要，重要的是它能在多大程度上激发市场的想象力。此前被市场疯狂炒作的科技股概念、新能源概念、物联网概念等，均属于靠想象力推动股价上扬的经典案例。

3. 流通市值适中

股价短线波动的背后是资金的推动，流通市值规模不同，拉升或打压同等幅度的股价所需要的资金量也不相同，流通市值过大（超过 500 亿元），游资的力量很难撬动，流通市值过小（低于 10 亿元），缺乏足够的市场流动性，不方便资金的自由出入，难以吸引大规模的资金参与。

4. 技术形态良好

基本分析解决的问题是"买何种股票"，技术分析解决的问题是"何时买入"。技术形态作为股价短线走势分析的通用语言，尤其是重要的支撑或压力位，对投资者的心理影响显而易见，往往能起到助涨或助跌的作用。游资正是利用技术形态的这种特性，通过选择技术形态良好的个股，以较小的成本博取最大的盈利。

机构重仓股和游资重仓股最大的区别在于，前者走势四平八稳，趋势特征显著，后者诡谲多变，呈现随机游走的特征，行情的持续性较差。因此，候鸟法则主张，散户应该重点跟踪机构重仓股，尽量回避游资重仓股。当然，最佳的选择是被机构和游资同时看重的个股，它们才是真正的超级牛股，只是这种机会不常出现，可遇而不可求。

旁氏圈套与麦道夫骗局

"庞氏圈套"是一种最古老和最常见的投资诈骗，这种骗术是一个名叫查尔斯·庞齐的投机商人"发明"的。

查尔斯·庞齐是一个意大利人，1903年移民到美国。在美国干过各种工作，包括油漆工，一心想发大财。他曾经在加拿大因伪造罪而坐过牢，在美国亚特兰大因走私人口而蹲过监狱。经过美国式发财梦十几年的熏陶，庞齐发现最快速赚钱的方法就是金融，于是，从1919年起，庞齐隐瞒了自己的历史来到了波士顿。

一天，庞奇收到了一封从西班牙寄来的信，信笺的右上角别着一枚国际通用邮券，用该邮券可以从63个万国邮政联盟成员国中的任意一国购买等值的邮票。做过银行出纳员和进出口公司职员的庞奇立即意识到，他赚钱的机会来了。因为第一次世界大战后，欧洲各国的货币对美元已普遍贬值，欧洲的

国际通用邮券价格实际上比美国的要低。比如从罗马购买 66
张国际通用邮券只需要相当于 1 美元的意大利里拉，而从波士
顿购买相同数量的国际通用邮券则需要 3.30 美元，因而如果
从罗马购买国际通用邮券到波士顿出售，可以赚取 230% 的利
润。他的想法从逻辑上和当时的法律上来说，不存在任何问
题，因而他炮制出一套似是而非的套利交易方案，向美国大众
兜售。

　　1920 年，庞齐虚构了一家经济实体，其实只是一个金字
塔网络，不生产任何产品，拿后来投资者的钱支付前面投资者
的利润。庞齐向人们保证，他可以在九十天内让他们的投资翻
番。结果，只用了七个月的时间，他便聚敛了数百万美元的
投资。

　　任何金钱骗局的基本原理都是利诱：向某人借钱，许给
他高额利息；再向其他人借，拿出一部分作为"利息"付给前
一个人，以此类推。如果这种"生意"能持续下去，每个人都
不会吃亏。

　　但这是不可能的，你欠的越多，偿还的压力越大。假如
有 1 万人参与这游戏，每个人拿出 1 元钱所失甚微，可是如果
这些钱都给一个人，那么他就得到 1 万元，这就是个大数目
了。问题是，随着参加游戏的人数增多，是不是每个参与者都

能拿到这么一大笔钱呢？那是不可能的，部分不可能大于整体，无论参与者有多少，最终每个人的平均收入不可能大于支出。这是规模解决不了的问题，因为你能借到钱的人数不可能是无限的。

2009年6月29日，伯纳德·麦道夫被纽约南区联邦法院判处150年监禁，至此，世界金融史上最大的欺诈案终于尘埃落定。

麦道夫案庭审于纽约当地时间上午十时开始，经过近一个半小时的法庭陈述后，法官做出上述判决。入狱150年监禁判决相当重，意味着这位曾在华尔街呼风唤雨20载的传奇人物只能在监狱中度过余生，但法庭上无一人对此判决反对，甚至表示疑义。这位世界金融史上最大"庞氏圈套"的主犯完全是罪有应得。法官丹尼·金在法庭发言时就说："没有任何人为麦道夫辩护，无论是他的朋友还是家人，这说明了一切。"

曾担任过纳斯达克主席的伯纳德·麦道夫可谓华尔街的传奇人物，他还担任过美国证监会顾问职务。在其一手打造的"麦道夫骗局"中，诸多知名机构被击中，有西班牙金融业巨头桑坦德银行，此次诈骗案中的风险敞口高达约合31亿美元，有法国巴黎银行、英国汇丰银行、日本野村证券，等等。而随着调查人员逐步挖掘伯纳德·麦道夫旗下投资公司的财务记录，麦道夫诈骗案涉及的金额超过 600 亿美元，为全世界金融史上最大的"庞氏圈套"。

"麦道夫骗局"正是抄袭自典型的"庞氏圈套"，这并不新鲜，即用高额回报率为许诺，骗取投资者投资，用后来投资者的投资去偿付前期的投资者。"庞氏圈套"这种模式一般只能维持两三年，而麦道夫竟然运用简单的骗局维持了十数年，且金额达到 600 亿美元，黑弄了华尔街的诸多投资家，欺骗了一大批具有丰富专业经验的受害者，不得不让人"叹为观止"。

2008 年 12 月 12 日，当美国的对冲基金经理、银行高管和投资人从报纸上读到，"12 月 11 日早上，伯纳德·麦道夫因涉嫌欺诈顾客而被联邦调查局带走"，他们被震惊了。他们很难相信这位满头银发、面容慈祥、深受投资人信赖的犹太老人会是华尔街有史以来最大的骗子。

短短的数小时内，"证券大鳄被指欺诈顾客"的消息通过纸媒和互联网站传遍了世界。从华盛顿到东京、从伦敦到耶路撒冷的每个角落，西班牙银行巨头桑坦德银行、法国的巴黎银行、日本东京的野村控股公司、瑞士苏黎世的新私人银行和日内瓦的私人联合银行、英国的汇丰银行和苏格兰皇家银行、奥地利梅第奇银行、全球最大的上市对冲基金德国曼氏集团、意大利联合信贷银行和大众银行、纽约的费尔菲尔德·格林尼治集团、美国最大的对冲基金之一特拉蒙资本管理公司、马克萨姆资本管理公司、英国的布拉姆迪安投资组合公司、纽约大都会棒球队、棕榈滩乡村俱乐部、美国导演慈善组织神童基金会、诺贝尔和平奖获得者埃利埃·魏泽尔创立的人道主义基金会……一长串显赫的机构名称迅速地与伯纳德·麦道夫联系起来。

毫无疑问的是，麦道夫对全世界无数大小投资者造成了空前的损失。尽管伯纳德·麦道夫与传奇骗子查尔斯·庞齐的欺骗手法大体相同：都报出虚假的投资收益，用新上当者投入的现金去支付老顾客。但庞齐只不过是骗取了数百万美元，而麦道夫骗局的价码据报高达 600 亿美元。

次贷危机让华尔街颜面扫地，财富和睿智花园的炫目光彩也日益减淡，在此时此刻，600 亿美元的"麦道夫骗局"被揭发不啻给了日显颓唐的华尔街一记响亮的耳光。"麦道夫骗局"在市场最需要信心的时候，进一步侵蚀了这一稀缺品。

"麦道夫骗局"依靠美丽的高收益"神话"行骗多年，如若不是 2008 年华尔街金融危机爆发，有人要求取回 70 亿美元的投资，伯纳德·麦道夫的"金字塔式"骗局恐怕还会继续下去。

其实，金融界早已有人看出了蹊跷。早在 9 年前，麦道夫的竞争对手哈里·马可波罗斯就给证券交易委员会写信，对"麦道夫证券公司"表示质疑。"1999 年 5 月，我通过口头和书面的方式，向证券交易委员会波士顿办事处表达了对麦道夫投资证券公司的怀疑。在此之前，没有任何媒体或个人公开对麦道夫提出过质疑……我观察和分析的都是第一手材料，基于我同投资麦道夫公司基金的投资者们的交谈。我还向华尔街的许多交易员了解过情况，几乎每个人都告诉我麦道夫是个骗子。当然，他们中没有人愿意冒着失业的危险，站出来说皇帝其实什么也没有穿……"

在接下来的 9 年中，哈里·马可波罗斯"孜孜不倦"地向美国证券监管部门举报，但未受到重视。对冲基金顾问行的 Aksia 也曾写信给客户，列举麦道夫公司的异常做法，包括没有电子交易记录等。麦道夫请的审计行是一家只有 3 名雇员的无名会计师事务所。但监管者"睡着"了，证交委几年来的评估报告都没有能够从中发现什么大问题。

直到 2008 年 1 月份，麦道夫的基金仍然管理着 171 亿美元的资金。虽然 2008 年形势不断恶化，麦道夫却在投资报告中说，他的基金依然在稳健地增长当中，这一增长数字直到 2008 年 11 月依然高达每月 5.6%，跟标普平均增长下降 37.7% 相比，匪夷所思。正如证交委主席克里斯托弗·考克斯承认的，证交委的失职让人深感不安。此事不仅出在考克斯任内，也跨越了他两个前任的任期。

"麦道夫骗局"曝光后，一个被反复提及的问题是，落入骗局的人没有一个不是资本市场的老手，为什么这些精明的投资人同样能被伯纳德·麦道夫蒙蔽这么多年呢？

与"庞氏圈套"相比，不难看出，庞氏利用的是投资人的贪婪，而麦道夫利用的则是投资人对他的信任。"麦道夫骗局"被光鲜夺目的外壳包裹着，华尔街的所谓部分投资专家也被这些鲜艳的外壳所迷惑。

首先，麦道夫曾担任过纳斯达克主席，还担任过美国证监会顾问职务，正是这些特殊身份，使得众多投资者对他充满信任。他善于用行为和"白璧无瑕式"的投资外壳来包装自己。信任他，你就会得到每月 1%~2% 的稳定回报。麦道夫本人追求完美无瑕的从业记录，致力于公平交易，并保有高尚的道德标准，这些都是华尔街熟知的麦道夫公司标志。

正如他的竞争对手哈里·马可波罗斯所言："他是一个头戴光环的投资家，是纽约最成功的商人、华尔街最有影响力的人，你根本不会怀疑他是个骗子，除非你精通数学。就像棒球联赛，你绝不相信会有中投手每一场都百投百中，即使是超级明星也不可能。但你就是不愿意相信一切都是骗局。"

同时，麦道夫还为自己的骗局营造了极好的个人魅力光晕。骗局揭穿之前，他的口碑很好，喜欢捐助，还建立了自己的慈善基金，资助的慈善机构和公共事业更是遍布全美。他给公众的印象是：谦虚、低调、家庭第一、乐善好施。在佛罗里达以及纽约的犹太社区里，麦道夫被很多人视为投资方面的"卜帝"，称他的基金为"犹太人 T NOTES"，意指同财政部发的短期国债一样牢靠。而在华尔街上，人们更喜欢亲切地称呼他为"伯尼"。

其次，和其他"庞氏圈套"一样，麦道夫同样善于用神秘投资技术产生的神秘感包裹自己。麦道夫的吸引投资的苛刻条件是，如果你想投资于麦道夫，那么请你不要问他关于投资的任何问题。至于为什么在别人不赚钱的岁月里，他可以赚钱，麦道夫则用几个字简单做了解释："内部消息"。很多精明无比的对冲基金管理者、专业投资人士，竟也被"内部消息"这几个字轻而易举征服了。

而且，麦道夫本人几乎从不主动向他人推销业务，相反他曾多次拒绝了投资者主动砸向他的钱。能投资他的公司被很多人视为是安全的保证和身份的象征，因为他们相信他们的财富放到了一个世界上最值得尊敬的金融显贵手里。如果他们针对麦道夫所谓的"分裂转移"投资策略和许诺的定期固定收

益提出质疑，或者试图打听"内部消息"，就会被"亲切"的
"伯尼"踢出局。

"麦道夫骗局"被揭发，同样显露出了华尔街监管机构在
履行监管者职责上的缺失。正如美国联邦调查局官员不断追问
的那样，完成一笔交易需要涉及很多环节，交易确认、银行转
账、收益上税，外加每月的月报、每年的年终报告，每个环节
均需与别的机构打交道，难道它们没有一个对伯纳德·麦道夫
投资证券公司的业务产生过怀疑吗？肩负着华尔街证券交易监
管职责的证券交易委员会为什么没有及早发现伯纳德·麦道夫
公司存在的问题？如果上述问题迟迟无解，相信伯纳德·麦道
夫不会是唯一的，更不会是最后一个"庞氏圈套"设局者。

实际上，在熠熠生辉的外壳之下，有很多的蛛丝马迹泄
露出来，只是高傲的华尔街对之视而不见。

从运作上看，利用不知名的会计师事务所进行日常审计，
负责麦道夫投资证券公司 10 多亿美元资产审计的会计师事务
所，居然只有 3 名员工：合伙人、秘书及一名会计师。这显然
是不符合行业惯例的。

而且，麦道夫投资证券公司的所有交易均为麦道夫一人
独断，他管理资产，并同时汇报资产的情况，公司的资产管理
和托管并未分开，同样违反了隔离控制原则。

　　在设局的十数年中，伯纳德·麦道夫对公司财务状况一直秘而不宣，公司的财务报告和投资顾问业务文件是上锁或加密的，实际情况究竟如何，只有麦道夫一人知道，包括他两个担任公司高管的儿子安德鲁和马克均被蒙在鼓里。

　　而对于麦道夫一再宣称的，自己采取名为"分裂转换"的投资策略，更是几乎没有人可以解释清楚究竟为何物。

　　"麦道夫骗局"映衬了华尔街监管的脆弱。"麦道夫骗局"的包装复杂，但投资操作简单明了，漏洞极易被识破，然而，这长达20年、高达600亿美元的投资骗局在麦道夫儿子履行了监管者的职责之后，才曝光于天下，真是对华尔街监管者的极大讽刺。

■伯纳德·麦道夫，前纳斯达克主席，美国历史上最大的诈骗案制造者。

　　伯纳德·麦道夫的锒铛入狱，成为这次金融危机的一个标志性注脚。或许这也正应了巴菲特的那句老话：只有在落潮时，才知道哪些人在裸泳。日益加强的"金融监管"，让一些难以揭示的骗局最终暴露于天下，但也可以肯定，在贪婪和恐惧交织的资本市场，众多美丽诱人的骗局仍在继续。一个麦道夫倒下了，但不排除很多别的麦道夫仍在活动。因此，投资者必须擦亮自己的眼睛。

　　传销也是这个原理，不同的是，由于金钱总量中有一大部分要被组织者拿走（当然，他会给你一些"商品"作为回报），可供参与者分配的钱要小于他们的总支出。也就是说，这是一个必输的游戏。可是，不是有些人就是靠这个发财了吗？没错，只是你要再想想：他的钱是谁的？是其他参与者的。一个人发财，意味着对无数人的盘剥。

　　传统金融学的理论假设：个体在投资决策过程中会全面考虑所能得到的信息，并理性地进行投资决策。

　　但通过大量的实证研究发现在投资领域中存在大量非理性的投资行为，个体和群体的决策往往并不会以理性利益最优化来决定其行事的策略。

　　行为金融学是在传统金融理论出现一些异常现象时候发展起来的。

　　行为金融学认为，人类具有一定的理性，但人类的行为不尽是理性的，行为金融学在对人类行为进行了有限理性，有限控制力的基本预设假定之后，把人类的感情因素和心理活动等融入投资决策过程之中并加以分析，认为这些因素都在人类的决策过程当中具有举足轻重的作用。

　　行为金融学的观点认为人类的许多弱点是一致的，可在一定程度上预测的，可以被利用在市场上获取利润的。

　　决定股价的短期波动或者说直接影响股价的因素是所有参与的投资者的心理因素的综合，包括理性和非理性的心理因素。

第十章
超越贪婪和恐惧

身在市场，你就得准备忍受痛苦。

——乔治·索罗斯

有报道说，某股民状告某空头股评家，缘由是因信其言而少赚几十万元。注意，是少赚，而不是亏损。

少赚犹如此，遑论亏损！作为散户，虽不在无间地狱，却注定要饱经心理煎熬。

即便是赚了钱，比如本应该可以赚 1 万元，却只赚了 9000 元，我们就会感到懊悔，这就是行为金融学的"懊悔理论"。

行为金融学还证明，人类白赚 100 元所获得的快感，难以抵消损失 100 元所遭受的痛苦。这就注定了投资者是赔钱的时候多，注定要痛苦。

股市江湖里有句谚语，"炒股就是炒心态"。话虽简单，但道理昭昭。

恐惧驱动：非理性萧条

1929 年，美国"大萧条"时，几天前还在做着发财梦的交易者发现：所有的希望都化作泡影，崩溃的惊人程度，远远超出他们内心最深的恐惧，"当时的市场就像一只生性残忍的野兽，对那些想驾驭它的人，发起野蛮而无情的报复"。

恐惧感会驱动非理性萧条，它的心路历程大致如下：

进入下跌阶段时，基本面开始变化，人们过于乐观的预期被突然打破，股市开始下跌。

但是，经过长期的牛市行情，投资者会产生"庄家的钱效应"，是指在赌博产生收益效应后，人们倾向于接受以前不接受的赌博。因为心理账户的作用，即使赌输，痛苦往往较小。

可是，伴随着股市的下行，越来越多的投资者开始意识到市场绝非原先认为的那么乐观，悲观情绪开始出现。

熊市的后期，长期的萧条致使人们产生了趋势持续的预期，即使股价体现了其内在价值，但场外资金依然不敢进入。

同时筹码持有者由于账面亏损的"蛇咬效应"，对股价的定位产生巨大的改变，可谓"一朝被蛇咬，十年怕井绳"。

当股价已经"低到下水道了"，由于抄底资金的介入，股价有所回升。成本较低的投资者倾向于在略有亏损时出局，而不会在意此时股价是否匹配股票的价值。

长期的下跌同样改变了股民的"锚定点"，"损失厌恶"在此再次发挥效应。随着股价的上升，不断有接近其成本区的投资者选择抛售。

反弹很快就被非理性的抛盘镇压下去。这时出现了波浪式的下跌。

在下跌行情中，人们开始逐渐认为下跌是常态，而上涨只是偶然，市场的总体悲观情绪又会通过"羊群效应"进一步放大。

市场的大底是由长线的价值投资者造就的，唯有当较大的一批资金开始不在乎短期的波动而进入股市时才可能结束绵绵的下跌趋势。一个特定市场中坚定的价值投资者的数量是不确定的和难以估计的，并且只有这批价值观相同的人在较集中的时点上共同进入股市，才能对趋势产生作用，这就造成了大盘暴跌时的下跌幅度和节奏难以估计。在一个趋势投资盛行的市场，在长期下跌之后，很少有人会脱离"羊群"敢于逆势而

为，其结果就是股市往往会下跌到一个离谱的点位。如 1929
年美国股市泡沫破灭后，格雷厄姆在 1931 年抄底，结果破产。
费雪已经预见 1929 年股市泡沫破灭，但是还是买入自认为便
宜的股票，结果几天之中损失了几百万美元。股神巴菲特也
曾在买入股票后账面损失达到 50%。他们都是著名的投资家，
但在非理性面前，任何理性分析都难以预测非理性造成的冲击
和波动。

　　非理性是人类难以克服的弱点，个体的非理性的累加造
成了整体市场的非理性波动，贪婪与恐惧的存在使得价格和价
值会产生巨大的偏差，而具体时代背景，人文环境等的不同造
成了市场总体心理状态的不同，故而对于即便相似的基本面市
场总体的反映也不尽相同。流行的技术分析就其根本是对过去
发生事件的统计总结，并试图通过概率指导投资。但参与者在
不断变化，参与者的数量和市场中交易的股票也在不断变化，
此外不同股票可能吸引不同的具有特定行为特征的投资者，这
致使在另一个股票上的数据分析变得钝化。资本市场是由无数
投资者和投机者共同构成的博弈场所，因而对于资本市场脱离
基本面因素的非理性波动，唯有从行为金融学的角度来研究和
审视。行为金融学无法精确地为投资预测价格的波动和走势，
却可以在分析投资者心理和大众预期的基础上来研判资产价格

波动的发展阶段。从投资的战略角度来把握一轮行情的发展，发现机会，规避风险。

贪婪驱动：非理性繁荣

荷兰"郁金香狂潮"的高潮出现在 1634~1637 年。随着狂潮的蔓延，荷兰社会结构开始瓦解。农户为了筹集郁金香的投机基金，甚至变卖了家畜，抵押了房屋和地产。与此同时，人群开始变得狂躁，日渐露出贪婪和邪恶的面孔。

贪婪会驱动非理性繁荣，它的历程大致如下：

在经历一段长期的调整之后，股票的价格处于历史低位。显然此时股价合理，甚至被低估。

最坏的情形已经过去，此时经济基本面开始好转，股价开始处于上升的初级阶段。

按理说，这时是绝佳购入股票的时机，但大多数的投资者在熊市的惨跌中已经心有余悸。

根据卡尼曼的回忆效用理论，此时投资者对于上一次的暴跌经历记忆犹新，难以对当前的市场有准确客观的分析。

于是乎，当利好的趋势不断显现之时，股价反而波澜不惊，多以小的震荡为主。

这就是行为金融学所谓的"反应不足"和"隔离效应"

在起作用。

"反应不足"表现形式为：人们习惯于对不确定的事物先设定一个参照值，然后根据信息的反馈对这一参照值进行修正。上一次的大熊市，已经形成了一个很低的参照值。

隔离效应（Disjunction Effect）是指即使某一信息对决策并不重要，或即使他们不考虑所披露信息也能做出同样的决策，但人们依然愿意等待，知道信息披露后再做出决策的倾向。

特韦斯基用下面的实证表明了隔离效应。他问受试者是否愿意接受下列赌博：掷一枚硬币以同等的概率获得 200 美元或损失 100 美元。

那些已进行一次赌博的人，随后被问是否还愿意继续另一个同样的赌博。如果他们是第一次赌博的结果已知后被问的，大部分回答者都愿意接受第二个赌博，无论第一次赌博他们是赢了还是输了。

但是如果在结果出来之前他们必须做决定，大部分人不愿接受第二个赌博。

这是一个让人困惑的结果：如果一个人的决策不管第一次赌博的结果如何，那他应该要做出与前述一致的决策。

特韦斯基提出了伴随着这种行为的可能思维模式：如果

第一次赌博的结果已知并且是好的，那么受试者会认为在进行第二次赌博时他们没有什么可损失的，而如果结果不好的话，他们将试图通过在下一次赌博去弥补他们的损失。

但是如果结果不知道的话，那么他们就没有接受第二次赌博的明确原因。

"隔离效应"常常可以解释在股票市场中，当某一消息还未公布时，价格波动不大，但消息公布之后会出现大的波动。

"隔离效应"在股市的表现就是人们总愿意等待，直到信息披露或预期彻底实现时再做出决策的倾向，也致使一轮资产价格上升行情在初期总是缓慢而犹豫。唯有在经过较长一段时间的徘徊后，人们才能从"轻视"和"谨慎"转变为"自信"的状态，慢慢地才会有越来越多的投资人进入市场，股市成交量不断增加。

牛市发展到后期，资产的价格已远没有原先那么有吸引力了，甚至已出现明显的泡沫，但上升的趋势使"过度自信"现象很容易发生。人们经常高估自己赚钱的能力，而低估运气和机会在其中的作用。

在牛市的高潮阶段，投资的乐观情绪蔓延，长期的上涨行情使得参与者的自信不断强化。

信息审流和"羊群效应"现象使得在牛市末期的投资者

情绪不断得到正反馈，总体的乐观情绪逐渐高涨。

　　在华尔街流传着这样一个故事：1929 年的一天，股票投资人约瑟夫·肯尼迪来到街道边，一边擦鞋一边和擦鞋匠攀谈，令他大为吃惊的是，谈起股市来，擦鞋匠竟然滔滔不绝。第二天，约瑟夫·肯尼迪坚决抛售了自己的股票。不久，美国股市崩溃，仅 1929 年 10 月 24 日一天，就有 11 位股民因绝望而自杀。这就是股市中著名的"擦鞋匠理论"。故事中的约瑟夫·肯尼迪不是别人，正是被刺杀的美国前总统约翰·肯尼迪的父亲。

　　于是乎，很少有人会相信股价可能突然的暴跌。即使有所下跌，由于见过更高的股价，心理参照值也很高，就会认为高位的价格很便宜，而大举买入。

　　当多数人都这么做时，匪夷所思的大众癫狂就出现了，这就是股价在达到通常的估值上限后，股价仍然会有波浪式上升的心理原因。

冷热移情差异

　　古希腊神话中，有一名人面鱼身的海妖，名叫塞壬。她拥有妖娆美丽的外表和天籁般的歌喉，常用歌声诱惑过路的航海者而使航船触礁沉没，船员则成为塞壬的腹中餐。

　　面对令人销魂的海妖赛壬及其美妙歌声，英雄人物尤利西斯会在冷静状态时命令他的手下用蜡封住自己的耳朵，以便不受赛壬歌声的影响。同时，他还让手下将自己绑在桅杆上，这样一来，即使他仍然能隐隐约约听到赛壬的歌声，并因此而"冲动"起来，也无法将自己的船划向海妖，从而躲过了女妖塞壬迷惑人心的风险。

尤利西斯在听到塞壬的歌声之前就聪明地把自己绑在了桅杆上。他这样做并不是因为害怕塞壬，而是因为害怕自己对塞壬歌声做出的反应。于是，他事先做好了防范措施。同样，对于大多数投资者来说，自动化思维造成的认知偏差就像海妖的歌声，以一种可预知的方向，将我们的判断引入歧途。然而，大多数人会存在自制力的问题，因为人们通常会低估自己的冲动效应。

行为经济学家乔治·罗文斯坦将此称为"冷热移情差异"。当处于冷静状态时，我们不会意识到激情会在多大程度上影响到自己的欲望和行为。结果，我们的行为便会反映出自己对环境选择效应的某种程度上的无知。

东方哲学向来崇尚内心的修炼，追求"心静如水"的人生境界。诸葛亮说，"非淡泊无以明志，非宁静无以致远"，人只有在心静的时候，才能充分挖掘自己的智慧，对世界万物做出准确的判断。人生如此，炒股亦如此。

在股市里，市场瞬息万变，每条信息、每条传闻，甚至每个微小的细节都在考验着人们的心灵，促使投资者离开平静，陷入贪婪或恐惧的折磨中，从而导致偏离市场客观事实的错误操作。

蒙特卡洛谬误

统计学中有个最重要法则，就是大数法则（Law of large numbers）。也就是在随机事件的大量重复出现中，往往呈现几乎必然的规律，这类规律就是大数法则。在试验不变的条件下，重复试验多次，随机事件的频率近似于它的概率。

大数法则反映了这个世界的一个基本规律：在一个包含众多个体的大群体中，由于偶然性而产生的个体差异，着眼在一个个的个体上看，是杂乱无章、毫无规律、难于预测的。但由于大数法则的作用，整个群体能呈现某种稳定的形态。

小数法则的经典表现就是"蒙特卡洛谬误"。

李太太一连生了五个女儿。

李太太：希望我们下一个孩子是男孩。

李先生：亲爱的，都生了五个女儿了，下一个肯定是儿子。

李先生对吗？

众所周知，掷硬币正反面出现的概率为 50%，在掷硬币游戏中，如果前几次大多数出现正面，那么很多人会相信下一次投掷很可能出现反面。这就是蒙特卡洛谬误，也是很多赌客信心大增的原因。

蒙特卡洛谬误的产生，是因为人们错误地诠释了"大数法则"的平均律。投资者倾向于认为大数法则适用于大样本的同时，也适用于小样本。

赌博是随机事件。

一枚硬币，连出三把都是正面，那么下一把出反面的概率仍然不会大于 50%。

从理论上讲，硬币也好，骰子也好，既没有记忆，也没有良心，概率法则支配一切。

随便到一家合法的赌场，就能看到这种赌客"猜反正"的现象：

连输几次就该赢了，

连出几次红就感觉该出黑了，

连出几次庄就以为该出闲了，

连出几张是小牌肯定该出大牌了，

……

在《超越恐惧和贪婪》一书中，行为金融学家谢夫林

（Hersh Shefrin）认为策略分析师倾向于赌徒谬误，这是一种人们不恰当地预测逆转时发生的现象。

投资市场上，一连几个跌停板之后，就会有越来越多的投资者认为市场会反弹。因为投资者认为会否极泰来，均值回归。

均值回归（The average value regression thcory）从理论上讲应具有必然性。因为有一点是肯定的，价格不能总是上涨或下跌，一种趋势不管其持续的时间多长都不能永远持续下去。然而，究竟会有多久，谁都难以预料。

经历过股市大起大落的凯恩斯告诫我们："不幸的是，市场保持非理性的时间总比你能支撑的时间长。"

追求荣誉导致的"卖出效应"

还有一种贪婪，不是基于利益的贪婪，而是基于荣誉的贪婪。经济学家谢夫林在一个研究中发现：与懊悔规避相应，决策者还有一种寻求自豪的动机。假设你有两只股票，一只赚了 20%，另一只赔了 20%。你现在缺钱，必须卖出一只，你会卖哪个呢？

一般人会有这样的逻辑：卖掉赔钱货，会造成该股票已经赔钱的"事实"，承认当初的抉择是错误的，会带来一个懊悔。再等一等，也许会变成赚钱的股票呢！

至于赚钱的股票呢？也许它还会上涨，虽然它赚的不算多，但"屁胡也是胡"，这会激发一种决策正确的自豪感，而没有懊悔的感觉。

懊悔规避与追求自豪造成了投资者持有获利股票的时间太短，而持有亏损股票的时间太长。急于脱手赚钱的投资，却把赔钱货留在手上。谢夫林称之为"卖出效应"。

加利福尼亚大学的萨义德教授，明确地证实了这一点。

萨义德通过对几千名投资人，前后的交易记录加以研究，结果显示：这几千名投资人，多数情况下会出售价格正在上涨的股票，却宁愿长期持有价格下跌的股票。

萨义德的资料显示，投资人卖掉的股票，在其后12个月中的涨幅，比他们留下来的股票高出了3.4%。换言之，投资人卖掉的是应该留住的股票，却留下了应该卖掉的股票。

最不可思议的是：卖掉某只赔钱的股票时，美国税务部门会帮投资者减掉等额的税款，（最高可以减3000美元）也就是说，你只要认输，政府就会替你埋单。尽管如此，许多投资者还是拒绝认赔。

投资人死抱着赔钱货不放，却急着卖掉赚钱投资的倾向，正是"寻求自豪"和"懊悔规避"效应在起作用。大多数人总是情愿卖掉赚钱的股票或基金，是为了把已经赚到的钱及时放进口袋，却不太愿意卖掉赔钱货，让自己接受赔本的事实。

由于不愿接受卖掉赔钱货后亏本所带来的痛苦，于是他们逃避现实，毕竟，它的价格再跌，也只不过是"账面损失"，还不能算是正式赔钱。

但是，一旦真的把赔钱货卖掉，损失就变成活生生的现实了。

投资失败的原因可能是看盘太勤

你会花 2000 元买一件为你度身定做的时装，还是会花 3000 元买一堆普通衣服？你对服装的喜爱程度，以及你所拥有服装的数量，显然将影响你的决定，但是很多人会不由自主地选择后者，因为它看起来为他们带来了更多的东西。

弄清自己的投资习惯，可以帮助你认清自己的"战略"在哪些地方最容易陷入陷阱或出现问题。

比如当买进的股票下跌时，多数投资者不愿意认赔出场，而更愿意继续持有这些股票，希望它们返回到成本线之上。而如果手中持有的股票上涨时，则有很大可能将它抛出。

行为金融学的一个核心观点，就是人们对损失更为敏感。这是人性的弱点，也是投资中的心理黑洞。

第十一章
投资者的自省与自律

投资本身没有风险，失控的投资才有风险。

——乔治·索罗斯

2000 年前，耶稣这样批评那些自以为是的人：为什么看见你弟兄眼中有刺，却不想自己眼中有梁木呢？你自己眼中有梁木，怎能对你弟兄说，容我去掉你眼中的刺呢？投资也一样，我们总是很容易看出别人的种种愚蠢与错误，对自己的非理性却严重估计不足。

对于很多业余选手而言，投资并不算什么了不起的大事，然而，正如巴菲特所言，如果你在小事上缺乏纪律，在大事上也会一样。

明察秋毫，不见舆薪

孟子说："从前有个人，他的视力可以看到秋天的鸟毛，但他看不见一大车柴薪；他的臂力能够举重 5000 斤，却拿不起一根鸟毛。"

齐宣王吃惊地说："这怎么可能！"

孟子说："您的仁政能够让动物都被保护得很好，而您的百姓得不到安定的生活。不是一样的吊诡吗？"

1997 年，美国一家新闻机构做了一个调查，问问美国老百姓谁最可能上天堂。

52% 的人选了曼德拉。

60% 的人选了戴安娜。

66% 的人选了奥普拉（美国著名的脱口秀主持人）。

79% 的人认为特蕾莎修女才够格。

87% 的人选了——他自己！

我们对自己的评价，永远比别人要高那么一点。

炒股也一样，我们发现别人的缺点总是很容易，而自身相同的缺点却很难发现。

特韦斯基的圈套

行为金融学有一个常用概念叫"小数法则"，它是一种建立在经验之上的心理偏差。当一个人相信了小数法则，就难以相信大数法则。

特韦斯基曾向一位统计学教授这样请教：

有两家医院，在较大的医院每天都有 70 个婴儿出生，较小的医院每天有 20 个婴儿出生。众所周知，生男生女的概率为 50％。但是，每天的精确比例都在浮动，有时高于 50％，有时低于 50％。

在一年的时间中，每个医院都记录了超过 60％ 的新生儿是男孩的日子，你认为哪个医院有更多这样的日子？

我们知道，大数法则需要很大的样本数才能发挥作用，基数越大就越稳定。随着样本的增大，随机变量对平均数的偏离是不断下降的。所以，大医院更稳定。这一基本的统计概念显然与人们的直觉是不符的。

这位统计学教授果然钻进了圈套，他认为较大的医院有更多超过 60％ 的新生儿是男孩的日子。

一个整天向学生灌输大数法则的教授，自己居然不相信大数法则！

致命的自负

1987 年美国股灾后《非理性繁荣》的作者罗伯特·希勒

（Robert Shiller）做问卷调查问及："你当天就知道会发生反弹吗？"

没有参与的交易者有28%做肯定回答，参与的人则有50%回答"是"。

希勒又接着问："如果是的话，你是如何知道的？"

多数人回答"凭直觉""历史证据与常识"等。

这种事后聪明会使投资者不重视对行为的反省。由此也可看出人们常会过于相信自己的判断。

■罗伯特·希勒（Robert J. Shiller），耶鲁大学经济学教授，2013 年诺贝尔经济学奖获得者。

冯克利在哈耶克《致命的自负》一书的序中写道：自从启蒙时代以来，人类在自然科学和技术的运用上有了天翻地覆的变化。但是，哈耶克从这种进步中看到了一个巨大的潜在危险，即每个科学领域所取得的成就，都在对人类的自由不断形成一种威胁，这是因为它加强了人类在判断自己的理性控制能力上的一种幻觉，即他所说的"致命自负"。

职业经理人的决策偏差

传统的公司财务实践以三个假设为基础：理性行为、资本资产定价模型和效率市场假说。

行为金融学发现，心理偏差会妨碍决策者理性行事，心理因素影响会让这三个假设失效。

在公司决策中，职业经理人和董事会成员需要识别公司价值最大化过程中的两个主要行为学阻碍，一个在公司内部，另一个在公司外部。

让我们来做这样一个测试。

第一组方案：

A：投资者会稳赚 2600 万元；

B：投资者以 25% 的概率得 1 亿元，以 75% 的概率得 0。

第二组方案：

C：投资者会稳亏 7400 万元；

D：投资者以 75% 的概率亏损 1 亿元，以 25% 的概率亏损 0。

你是一名职业经理人的话，会选择哪一个呢？

大多数人在第一组决策中选择 A，而在第一组决策中选择 A 的人大多数在第二组中选择 D。A 是风险厌恶的选择，而 D 不是风险厌恶的选择，投资者在前后的选择发生了不一致，这就是著名的阿莱（Allais）悖论。大多数人愿意碰碰运气而不愿意有一个确定的损失。为什么呢？因为人们厌恶损失。

卡尼曼和特韦斯基称，发现一个损失的影响是同样大小收益的 2.5 倍，这是两人在 1979 年提出的前景理论（Prospect Theory）的主要观点之一。当面对一个确定的损失和一个有望终止损失的赌博时，这时大多数人选择赌博。传统的期望效用理论（Expected Utility Theory）不能回答上述问题。

大多数人处于收益状态时，往往小心翼翼、厌恶风险、喜欢见好就收，害怕失去已有的利润。

卡尼曼和特韦斯基称之为"确定效应"（certainty effect），即处于收益状态时，大部分人都是风险厌恶者。

再做一个测试：

假设有四张卡片平放在你面前的桌子上，在卡片的一面有一个字母，而另一面有一个数字，例如你看到下面四张卡：

A，B，2，3

| A | B | 2 | 3 |

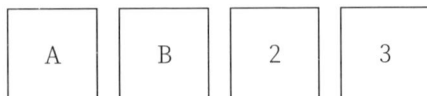

假如你被要求去检验下面关于这四张卡片的假设：

所有一面是元音字母的卡片，另一面是偶数。假如你被要求去挑选这些卡片，而且只有这些卡片能判断假设是真的，你会去翻开四张中的哪一张去证明该假设？

对于这个问题，大多数人翻开带有 A 的卡片，一些人翻开了带有 2 的卡片。

事实上，这个测试的正确答案是翻开带 A 和 3 的卡片。

因为证明假设有效的方法是翻开可能证明假设不实的卡片。依次考虑每张卡片的可能反证。

假设你翻开了"A 卡片"，你会发现背面有一个偶数或奇数。如果你看到的是偶数，就有了支持原假设的证据。如果你看到的是一个奇数，就会知道原假设是错误的。

接着，假设你翻开"B 卡片"，这张卡片不能提供判断原假设正确性的任何证据，因为原假设没有提到卡片上有辅音字母的情形。现在来考虑卡片上带有 2 的情况。如果你翻开这张卡片，你可能看到一个元音字母，这与假设是一致的；也可能看到一个辅音字母，这与假设无关，因此这张卡片对反证毫无意义。

最后，假设你翻开了"3卡片"。如果看到一个元音字母，你就知道原假设是错误的，辅音字母对证明原假设正确与否没有什么帮助。因而仅有的两张可用来反证的卡片是 A 和 3。

但是，大多数人选择 A 和 2 或只选 A。

为什么人们会翻开 A 和 2 呢？因为人们习惯于寻找证实原假设的证据的思维规则。行为金融学证明人们有着根深蒂固的"选择性失明"——对于证实其观点的证据人们给予了太多的重视，而对于证明其观点不正确的证据重视不够。

职业经理人在公司的决策中也经常受其影响，具体而言，在使公司价值最大化的过程中，有两个关键的行为阻碍：一个在公司内部，一个在公司外部。

行为金融学家谢夫林认为：第一个为行为成本，它们是职业经理人的认知缺陷和情感影响而做出错误决策导致的成本或价值损失，行为成本会损害价值创造。第二个阻碍产生于市场分析师与投资者的行为错误，这些错误可以引起基本价值与市场价值的偏离。

代理成本

随着企业规模逐渐扩大，经营一个企业对专业知识的要求越来越高，经营者所需要投入的精力也越来越多。

初始的投资者将以更多的精力用来吸引新的投资者加盟本企业，将以更多的时间用在有关企业发展、壮大的战略思考上。此时，具有现代经营理念的所有者，将会选择聘请外部职业经理人管理企业，而将自己从烦琐的日常经营中脱身。

这种社会分工从总体上来说有利于效率的提高，并在一种良好的机制配合下，实现所有者和经营者双赢的结果。但这种分工即两权分离必然也会带来一定的负面效应，就是代理成本的出现。

按照詹森和梅克林（Jensen and Meckling，1996）的定义，代理成本是指委托人为防止代理人损害自己的利益，需要通过严密的契约关系和对代理人的严格监督来限制代理人的行为，而这需要付出代价。在企业价值管理过程中，学术界与经营者主要把注意力集中在代理成本上，代理人（职业经理人）的利益与委托人（股东）的利益发生冲突时，代理成本会上涨。

这种鼓励代理人为委托人利益而服务的机制被称为激励兼容。基于价值管理的赞成者强调，有了合理的激励，职业经理人就会努力使他们所在的公司价值最大化。

但行为金融学研究发现，除代理成本外，行为成本可能非常大，不能仅仅集中于鼓励。当然这并不是说激励并不重要。

假如雇员对什么是自己的利益有所曲解，或者他们对采取的使自己利益最大化的行为持有错误的观点，那么虽然激励兼容对公司价值最大化有利，但还是远远不够。

索尼的一个失败案例

1945 年，日本在第二次世界大战后，首都东京在一片废墟下，盛田昭夫和井深大在东京日本桥地区的百货公司仓库成立了索尼公司前身——东京通信研究所。

在盛田昭夫和井深大的努力下，1957 年索尼生产出了第一台袖珍晶体管收音机。

1961 年，井深大和盛田昭夫在纽约参加了一个由电子和电气协会主办的贸易展，在那里，他们在一台电视机屏幕上看到了从未见过的最清晰和明亮的图像。这种彩管被称为 Chromatron，最初是由诺贝尔物理学奖获得者劳伦斯为美国军方发明，后来转为民用。Chromatron 的专利拥有者是自动化实验室。

盛田昭夫从该实验室购买了一项技术许可，来生产一种围绕这种显像管设计的彩电。井深大用了两年时间来发展一个商业标准和过程技术。

到了 1964 年 9 月，井深大领导的团队成功地造出了样机，但并没有发展为商业化的生产过程。

井深大既自信又乐观。他在索尼的展示会上发布了该产品的消息并展示了这款产品，消费者反应强烈。索尼甚至投资了一批新设备来组装 Chromatron。

井深大宣称 Chromatron 将会是索尼的主打产品。他在装配线上安排了 150 个人，但生产线每生产 1000 个产品只有 2 ~ 3 个是可以用的。这种彩电的销售价格是 550 美元，但生产成本是价格的 2 倍多。

索尼的决策层对应采取的举措存在严重分歧。

盛田昭夫想要终止 Chromatron 项目，然而，井深大却拒绝了。索尼继续生产并销售这种彩电，最终销售了 13000 台，每台的利润为负。

1966 年 9 月，索尼的财务经理宣称索尼已到了破产的边缘，直到那时，井深大才同意终止这个项目。

这个案例中损失厌恶起了作用，因为当损失增多，井深大还要继续该项目的投资，实际是不愿意接受一个既定的损失，他宁可搏一搏是否有解决方案。

在这个索尼败走麦城的案例中，我们至少可以看到两种行为陷阱——过度自信和损失厌恶。

井深大是一名技术高手，对自己的技术问题具有高度的自

信，在工程师设计出成本较低的生产流程之前就将 Chromatron
大量投产。

　　行为金融学在公司财务中还有其他运用。例如，过度自
信的 CEO 或许低估拖欠的可能性，结果选择了一个债务负担
过重的资本结构。严重时可导致资金链的断裂。

■盛田昭夫，日本索尼公司的创始人，
长于公关与经营，被誉为"经营之
圣"，与"经营之神"的松下幸之
助（松下创始人）齐名。

■井深大，日本索尼公司的创始人，长于
技术，他是日本发明协会会长、才能教
育研究会理事长、索尼公司名誉会长。
日本著名企业家、教育家。

沉没成本

　　沉没成本（Sunk-cost），系指没有希望捞回的成本。

　　沉没成本又叫非攸关成本，追加投入再多，都无法改变

大势。

从理性的角度思考，沉没成本不应该影响决策。但芝加哥大学经济学家理查德·泰勒博士（Richard Thaler）通过一系列研究，证明人的决策很难摆脱"沉没成本"的影响。

你在生活中有过类似下面测试的经历吗？

你预订了一张话剧票，已经付了票款，且不能退票。看话剧的过程中，你感觉很乏味，会有两种可能结果：

A. 忍受着看完。

B. 退场去做别的事情。

此时，你付的成本已经不能收回，就算你不看话剧，钱也收不回来，话剧票的价钱算作你的沉没成本。

如果将就到终场，就等于在看一出坏话剧的时候又损失了看一出好话剧的时间。

如果你是理性的，那就不该在做决策时考虑沉没成本，立刻起身退场，去做更有意义的事情。

索尼最初的损失都是源于对 Chromatron 的投资，这其实是一项沉没成本。

不少学者都强调应忽略沉没成本："忘记沉没成本，沉没成本就像已经打翻牛奶，它们是过时的和不可逆的。因为沉没成本已经流走，所以它们不能影响是否拒绝或接受一个项目，它们在决策时应被忽略。"

尽管如此，但是公司决策者经常下意识地把它作为一种决策依据。

人们往往会对他们认为负有责任的失败投入比成功更多的时间、金钱和精力。

对企业而言，沉没成本谬误常引导决策者对错误的投资不断加码。因为他们认为，若不这么做，过去投入的成本岂不白白浪费。

沉没成本谬误也会出现在经济和商业决策制定过程中。最典型的是"协和谬误"。

当年，英国、法国政府不断地为"协和式飞机"追加投资，其时，两国政府都知道，这种飞机没有任何经济利益可言。这个项目被英国政府私下叫作"商业灾难"，本就不该开始，但由于一些政治法律问题两国政府最终都没有脱身。

管理学家科隆发现对失败负有责任的决策者比那些不负有责任的决策者更喜欢回忆过去的决策，这意味着他们会寻找证据来证明他们先前的决策是合理的。这可被看作"认知偏差"。科隆一个非常重要的发现是沉没成本的大小不会改变职业经理人回顾过去和提高花费的倾向，但是导致失败的决策往往受这两个方面的影响。

科隆这样描述道：有多少钱被涉及并不重要，但决策错误的可见性非常重要。如果你被看作一个高度可见错误决策的主要发动者和引导者，你会更易于回顾过去和在决策中变得不够理性。

甚至在 NBA 篮球比赛中，教练决定谁上场时，往往把球员薪水作为考虑的因素——有时并不考虑高薪球员是否表现得好，实际上，球员薪水是一项沉没成本。

一项调查显示，NBA 球员领的薪水越高，他上场的时间也越多，即使有其他情况，如场上表现、受伤以及训练状态，等等。

在索尼的案例中，井深大是公司的创立者和大股东，但即使作为大股东也没有使他避免在行使经理职责时过于自信和厌恶损失。行为学因素在决策中能使其他影响因素扩大。毫无疑问，激励非常重要，但是索尼的案例告诉我们，激励并不能必然克服行为学因素在决策中的影响。

群体蓄积的不是智慧，而是愚蠢

在现代企业决策中，还有一个重要的问题是群体行为问题：群体行为到底是缓和还是扩大了个人倾向的认知错误？

行为金融学还发现，群体行为经常扩大个体错误，这对于公司职业经理人来说是一个特别重要的发现。大多数的公司决策是在群体环境下所做的。

怀特教授做过一项研究：

现在有两个项目，项目的未来期望并不十分诱人，一个项目描述了沉没成本，另一个则没有。

试验表明，当没有描述沉没成本时，有29.9%的个人决策者接受这个项目；而当描述沉没成本时，有69%的个人决策者接受这个项目。

在群体决策中发生的事也很有趣。当没有描述沉没成本时，有26%的群体接受这个项目；但是当描述沉没成本时，有86%的群体接受这个项目。

这项研究表明，在群体决策中心理偏差确实被放大了。群体越是庞大，左右群体的力量就越大，群体就越容易舍弃个人的意愿，人们各自妥协时所汇聚的力量就越大。因为在集体心理中，个体的智力天分被弱化，从而导致其个性的削弱。异质元素被同质元素淹没，集体无意识占了上风。

这就是很少有人愿意退出狂热的市场的原因——别人都在这里！

市场价值经常偏离基本价值

行为金融学家还发现，风险并不能根据 CAPM（资本资产定价模型）来定价，市场价值经常偏离基本价值。CAPM 是英文 Capital Asset Pricing Model 的缩写，意思为资本资产定价模型。CAPM 由经济学家威廉·夏普、约翰·林特纳在 20 世纪 60 年代提出，自那时起，一直对财务界产生重要的影响，该模型假设非系统性风险可通过多元化投资分散掉，不发挥作用，只有系统性风险发挥作用。就特定证券而言，相关风险不是总风险，而是个别证券的系统性风险。

关于这一点，在公司价值管理的有关文献中也有论述，J. 马丁和 J. 贝迪在《价值管理与企业社会责任》中对此也进行了阐述。使用基于价值管理方法的经营者经常假设基本价值与市场价值一致，然而，当他们不一致时，采取措施希望使公司基本价值最大化的职业经理人可能发现此举反而降低了公司的市场价值——可能是暂时的。

在这种情况下，职业经理人会怎么做？例如，职业经理人可能对 EVA 体系做出什么样的调整呢？在这种方法中，基本价值用未来现金流的现值来计算。

所谓 EVA（Economic Value Added，经济增加值）是现代公司财务体系的核心组成部分，它是指一定时期内企业税后经营净利润与投入资本（债务和股本）成本的差额，是所有成本被扣除后的剩余收入（Residual income）。它反映的是企业一定时期的经济意义而非会计意义上的利润（超额利润）。

EVA 理论出自诺贝尔奖经济学家默顿·米勒和弗兰科·莫迪利亚尼 1958 年至 1961 年关于资本资产定价模型的一系列论文。引进资本资产定价模型使 EVA 可以较为准确地衡量企业的资本成本并分析各部门的风险特征。

从最基本的意义上讲，经济增加值是公司业绩度量指标。与大多数其他度量指标不同之处在于：EVA 考虑了带来企业利润的所有资金成本及其风险。如果 EVA 的值为正，则表明公司获得的收益高于其投入的资本加权平均成本及其风险，即公司为股东创造了新的价值；若 EVA 的值为负数，则表明公司获得的收益低于其投入的资本加权平均成本及其风险，公司业绩是不利的。因此，EVA 比任何传统的指标都更能体现投资者的利益和企业的运作状况。

EVA 的计算简化公式如下：

EVA=（企业实际收益率 - 资本加权平均成本率）× 平均投入资本

在计算 EVA 时，资本的内涵包括企业净资产和长期负债在内的所有资本。平均投入资本是指实际企业净资产和长期负债在企业内平均利用数量。资本加权平均成本率是指债务资本的单位成本率和权益资本的单位成本率根据债务和股本在资本结构中各自所占的权重计算的平均单位成本。权益成本是对投资者获得利润的不确定性的补偿，等于商业风险加上财务风险。权益成本是一种机会成本，相当于公司投资者对其他相同风险投资的预期收益。

作为一种管理理念，EVA 明确指出，职业经理人在运用资本时必须"为资本付费"。

在传统的经济价值增值或 EVA 法中，贴现率通常通过基于 CAPM 得到。但是，当分析师与投资者的错误导致了错误的定价，职业经理人为了反映错误的定价可能调整贴现率，如何调整能准确反映错误定价？

当遇到公司外部的行为现象，职业经理人面对一系列不同的挑战。传统的公司财务的教科书在假设市场分析师和投资者行为是理性的情况下，告诉职业经理人怎样做出关于资本预算和资本结构的理性决策。但是，有证据表明市场分析师和投资者的行为并不总是理性的——甚至是经常非理性的。行为金融学家则提醒投资者不要把收益增长误认为价值创造，他们指出收益增长的公司价值也可能在减少。

赫曼·米勒公司始于 1923 年，从一家生产传统家具的公司演变形成美国现代家具设计与生产中心。它是美国最主要的家具与室内设计厂商之一。这家公司因其老板赫曼·米勒（Herman Miller）而得名。

1995 年，赫曼·米勒公司在决策中采用了基于 EVA 的方法，在运用过程中大大增加了获取利润的能力，但是在决定遵循基于价值管理的路线时，赫曼·米勒公司内部与分析师的意见不一致。

公司的首席财务官伊丽莎白·尼克尔说："分析师一直向公司施加压力，希望公司通过兼并来提高收益，而不管此举是否会损害公司的经济价值。"

事实上，尼克尔拒绝了市场分析师建议的兼并，她说："我们遇到了很多来自分析师的难题，这些分析师总是说我们应做这个交易，因为它对每股收益（EPS）有利。"

对尼克尔来说，这不是一个容易处理的问题。

研究显示，股票收益比 EVA 与会计收益有更多的联系。尼克尔通过详细介绍 EVA 方法，使那些最惯于怀疑的分析师相信公司的 EVA 比收益更加重要，但这并不表示在赫曼·米勒公司 EVA 总能压倒对收益的忧虑。

尼克尔描述了另一种情形。当公司正在研究一项可能创造公司价值的网上优先权时，她的团队却不愿意进行，因为这项优先权可能对短期的每股收益有负面影响。

　　他们都承认，他们的抵抗并不是因为现金流的因素，而是会计学上的因素。因此为了公司股票的短期表现，有可能采用并不利于公司长期目标的决策。